マルクス主義入門

第一巻

哲学入門

黒田寛一

KK書房

『マルクス主義入門』全五巻発刊にあたって

反スターリン主義運動の創始者であり∧変革の哲学∨の探求に生涯を捧げた哲学者である黒田寛一は、生前、多くの労働者・学生にたいしてマルクス主義の入門講演をおこなった。その貴重な記録を集成した『マルクス主義入門』全五巻をここに発刊する。

「人間は何であり、また何であるべきか」という若きマルクスの問いかけを同時におのれのものとして、マルクスの人間解放の思想を現代的に実現することを終生追求した黒田。彼は、既成の「マルクス主義」がニセのマルクス主義でありスターリン主義でしかないことを赤裸々にしながら、現代における人間疎外を真実に超克することをめざして学問的格闘と革命的実践に身を投じてきた。力強く情熱あふれる黒田の講演・講述は、半世紀の時を隔てた今日において、ますます重要で価値あるものとなっている。それは、戦乱と排外主義的ナショナリズム・貧困と格差の拡大におおわれた暗黒の時代というべき今を生きるすべての人々をかぎりなく鼓舞してやまない。黒田は、考える力と変革的実践への意志を育むべきことを熱く訴え、教えている。

本シリーズは、一九六二年秋に五回にわたって連続的に開催された「マルクス主義入門講座」を中軸にして編成している。

「戦後最大の政治闘争」と称され空前のもりあがりをしめしつつも敗北した六〇年安保闘争をつうじて、既成左翼の指導性の喪失が、とりわけ「日本共産党＝前衛」神話の崩壊があらわとなった。このもとで黒田は、マルクス主義を学ぼうとする学生・労働者に「われわれの運動が新しいとは、どういう意味なのか」と問いかけ、「一九五六年のハンガリー革命を主体的にうけとめることによって勃興した日本における反スターリン主義運動がなければ六〇年の闘いはなかった」と訴えた。「社会主義」ハンガリーにおいて労働者が武装蜂起し、ソ連邦の軍隊が血の弾圧を加えた、この画歴史的事件に、黒田は全世界でただひとり、共産主義者としての生死をかけて対決し反スターリン主義運動を創始したのであった。この闘いこそが「現代革命思想の転回点」を画したのである。このような反スターリン主義運動とその理論の創造過程を追体験的に反省し主体化することをうながすこと、これが「入門講座」をおこなった黒田の問題意識である。この意味で、本シリーズは「革命的マルクス主義の入門」書といえる。

第一巻「哲学入門」において黒田は、マルクスの哲学ならぬ哲学、変革の哲学としてのその性格を明らかにするとともに、直面する現在的の諸問題と対決し自分自身がどのように生きるのかを学生・労働者に問いかけながら「いかにマルクス主義を学ぶのか」「ものの見方・考え方はいかにあるべきか」を追求している。第二巻「史的唯物論入門」、第三巻「経済学入門」、第四巻「革命論入門」、第五巻「反労働者的イデオロギー批判」。——これらをつうじて、黒田は、哲学、経済学、国家＝革命論、社会主義社会論などのすべての理論領域においてスターリン主義者がいかにマルクス主義を歪曲し破壊したのかを、またマルクスのマルクス主義をどのように現代的に展開してゆくべきなのかを鮮明にしている。そのための立脚点を、彼は〈革命的マルクス主義の立場〉と規定している。平易で豊かな表現と独特の語り口調をもまじえた講演・講述には、黒田の「主体性の哲学」がつらぬかれているのである。

労働者階級の真実の解放のためにたたかいつづけた革命家にして哲学者・哲学者にして革命家である黒田寛一の講演・講述は、二十一世紀現代に生き苦闘するすべての労働者・人民にとって、思想的な羅針盤となりバネとなるにちがいない。

二〇一八年五月

黒田寛一著作編集委員会

編集委員会註記

一　「哲学入門」は、一九六二年十月十四日に東京工業大学化学階段教室でおこなわれた第一回マルクス主義入門講座の講演である。黒田は、革共同内にうみだされた大衆運動主義を克服するとともに革命的マルクス主義の体得を学生・労働者にうながすために、この入門講座を五回にわたって隔週の日曜日ごとに設定し、各回一五〇〜二〇〇名の参加のもとに実現した。これらの講演において黒田は、マルクス主義をいかに主体化すべきかを、参加者に情熱をこめて訴えている。

一　「マルクス主義をいかに学ぶべきか」は、一九六三年四月二十八日に高田馬場の労政会館でおこなわれた第一回全都マルクス主義研究会の講演である。この講演は、革共同第三次分裂—革マル派結成の直後に学生指導部の要請に応えて開催された連続的な講演の初回にあたり、当初は「哲学入門」と題された。第二回は「史的唯物論入門」であり、第三回「革命論入門」は「革命的学生運動の当面する理論的諸問題」に変更された（『組織現実論の開拓』第二巻所収）。第四回予定の「経済学入門」は体調が悪化したためテープ録音での講述になった。

一　講演を文章化するにあたっては黒田の用字・用語法に従った。明らかな言い間違いは訂正した。

一　一部を除いて見出しは編集委員会がつけた。

一　編集委員会による補足は［　］で表記し、註は＊で記した。

哲学入門／目次

『マルクス主義入門』全五巻発刊にあたって……1
編集委員会註記 4

哲学入門……9
Ⅰ マルクス主義と現代――現代革命思想の転回点は何か？ 13
Ⅱ 革命的マルクス主義の立場 45
Ⅲ マルクス主義における「哲学」とは何か 65
Ⅳ 実践の論理について 104

マルクス主義をいかに学ぶべきか……139
Ⅰ　マルクス主義とは何か　151
Ⅱ　マルクス主義における「哲学」　170
Ⅲ　資本制社会の変革の論理　208
マルクス主義入門　全五巻の構成　234

装丁　多田　進

哲学入門

これから大体五回にわたって、一応、マルクス主義とは何かという問題について喋っていきたいと思う。

これから喋ることは直接的には役にたたない。役にたたないけれども非常に役にたつ話を同時にやろうと思う。かなり現実的な問題から離れる場合もあるけれども、こういう問題をつかんでいないと、僕らのいろいろな具体的な、新聞なんかを読んでもさっぱり分からない。あるいは分かったつもりでも三分の一ぐらいしか分からない、あるいはねじまげてしまうという結果に陥るわけだな。だから、僕たちの運動が新しいということは、たんに戦術とかそういう運動方針とかいうものが新しいんでなく、その根底にある思想そのものが従来のやつとは根底的に異なる。そういう点をはっきり深くつかんでゆくこと。これをやらないと、どうしても当面のいろいろな問題にかんする小手先ののりきりという結果になってしまうから、僕たちとしては、われわれの運動をささえている裏側の思想的な全体系というかな、そういうものにまで掘りさげていかなきゃならない。

そういう意味で、かなり抽象的であるけれども、分からない点はかまわないから「分からない」と。分かんないのは当然であるし、分からない点があるからといってがっかりしないでね、いずれは分かるんだ。とにかくそういうふうなつもりで、難しい点もあるけれども、高校生もいるわけなんだけれども、僕は高校生だからといっていつも区別だてをしたことは一度もない。実際にこういう会合にはつねにかならず高校生も一緒にやってきたわけだし、そのつかんでいるのがたとえ全体の二分か三分であっても、そんなことは絶対ないわけなんだけど、そういう部分的につかんだにすぎないにしても、それが大きな力としてその後の自分自身の思想的成長のためになるということはたしかな事実だし、そういうつもりで、難しいと思っても何とかしっかり聞いていってほしい。

一応、僕の話というやつは、或る一定のものを公式的に説明し覚えてもらうというようなことを決してやらない。そういう、口で言うのは大雑把なことなんだから、われわれの一応対象化されているいろんな、書かれているいろいろな本とか何とかいうものを読む場合にどういうふうに読んだらいいのか。はじめから全体の森を見てもうっそうとしているから「これはむざい」ということになっちゃうけども、逆に木ばっかり見たら森を見ないという恰好になるから、そういう、全体の森を見ることと、その森をつくっている木をはっきり見ることとの両方の関係を、本を読むときにはあまりつかめないけれども、こういう話の場合にそういう全体から見る点と個別的に見ていく点とのかねあいという点を、しっかりつかんでおいてほしいと思う。

で、大体において、すでに知っているように、まず一回目にはマルクス主義はどういうふうにつかんだらいいのか［をやる］。マルクス主義者でない人にたいしても僕はきょうは喋るわけで、あるいは「自分はマルクス主義者だ」と、「マル学同の中に入っている一員だ」と思っていても、その人がマルクス主義者でなかったということを暴露しようと思うんだ。そういう点をまず第一点にやって、次の再来週には史的唯物論、僕たちの史的唯物論が従来のやつとどこが違うのかということをやる。第三回目には、われわれの運動の物質的基礎をなすところの資本主義社会の原理的なつかみ方、どういう仕組みを資本主義というのはなしているのかという点について、いろいろ僕らの角度からの展開をやる。それから四回目、来月の第四日曜日には、そういう物質的経済的構造の本質的な分析にふまえながら、われわれの解放、つまりプロレタリアの革命とは一体どういうことなのかということをやり、そして十二月の第五回目には、そういうわれわれの運動とはまったく違ったような理論が本当のマルクス主義だというような顔をしてあらわれているけれども、それらにたいして僕たちはどういう批判的な構えをとるのか、ということの五つの問題にしぼって一応やっていきたいと思う。

I　マルクス主義と現代

——現代革命思想の転回点は何か?

われわれがきょうやろうとすることは、要するにマルクス主義の根本的な把握であり、マルクス主義はどういうものなのかという点に焦点をしぼってやっていきたい。黒板に書いてあるような、大体そういう順序でこれから喋っていきたいと思う。

「マルクス主義と現代」という題をつけているゆえんのものは、「マルクス主義は二十世紀の現段階においてはすでに古くさくなった」、「マルクス主義というやつは十九世紀の産物であって、現代の、二十世紀現代の緊急のさし迫っている課題をなんら解きえないんだ」というような考え方がでてきているし、あるいは「こういう現代が新しく変ってきているのに即応してマルクス主義は形態転換、新しいかたちに変らなければならない」、そういう意見が、いままでマルクス主義者だといわれていた人々のなかからもでてきている。にもかかわらず、われわれがなぜ「マルクス主義学生同盟」と名のり、あるいは「マルクス主義青年労働者同盟」と名のっているか。これは「時代錯誤」というふうに言う人がいるかも知れないけども決してそうではないんだということを、まずもって僕たちはつかみとらなければならない。

で、「マルクス主義と現代」という題のもとに、あるいは「現代革命思想における転回点は何か?」という副題をつけたわけなんだけども、これは一体どういう理由なのか。ちょっと僕たちは現実の思想的動向を考えてみよう。

〝今日の思想的状況は一九六〇年のあの安保闘争を決定的な契機としているんだ、安保闘争においては代々木〔共産党〕の権威が失墜し前衛党をめざしているところの代々木というものがおかしいということが暴露された、だから一九六〇年という時点は従来のそういう代々木的な闘い、前衛党をめざしている闘いというものが転換されなければならない。にもかかわらずわが同盟やあるいはマル学同やマル青同なんかは依然として前衛党というようなものを追求している、これはおっかしいじゃないか〟——というような意見がちらほらでているわけだし、そしてマル学同やわれわれの闘いにたいして、安保闘争の過程でいろいろそういうふうにでてきた思想的な傾向の人たちが批判を開始している。

最も諸君がよく知っているのは、かの六・一五の事件*の後にはじまったアンチ「革共同」キャンペーン、そういうものをみんなはよく知っているはずだ。この安保闘争の「二周年記念」として開かれたその会合におけるあの事態のうけとり方が、われわれの前衛党、新しい党を創らなければならないというわれわれの立場に批判的な人たちと、われわれとのあいだに決定的なミゾがある、ということがはっきりあらわれたわけだな。われわれにたいして非難を加えたいわゆる「新左翼」と自称している文化人諸君というのは、本質はどういうものかというと、安保闘争の過程において先頭にたってたたかったあの全学連、ブント〔共産主義者同盟〕の基本的指導下にあったあの全学連――これを一応「安保全学連」と僕たちは呼ぼうと思うけれども――、そういう「安保全学連」というものの闘いの現象に足をすくわれて、それを喜んで「全学連よ、ありがとう」というようなことしか言えなかった人たち、清水幾太郎だな、ああいう全学連イカレポンチ文化人（笑）というやつがだな、われわれにたいして敵対しているわけなんだ。

＊「6・15二周年記念集会」。『革マル派　五十年の軌跡』（あかね図書）第五巻〈年表〉参照。

これは一体どういう理由なのかというならば、彼らは安保当時の全学連が彼らを非常に相手にしてくれたから喜んでいたわけなんだけども、しかしそれ以後の全学連、今日の全学連というやつは、ああいう文化人諸君なんか相手にしない。むしろわれわれは、彼らが日本における反スターリニズム運動の結果としてうみだされたあぶくであることを指摘するわけだ。ああいうものにわれわれは頼る必要はない。あれはむしろ、一九五六年のあの二つの事件、一つはスターリン批判であり、もう一つはそれの必然的結果としてでてきた、かのハンガリア革命、こういう事件を媒介として勃興した日本における反スターリニズム運動、これがなかったならば「安保全学連」のあの闘いはなかったんだということを、彼ら「安保全学連」イカレポンチはイカレポンチらしく分からない。ああいうふうに全学連の闘いが代々木の路線を、かならずしも反スターリニズムとはいわない、代々木の路線をのりこえて前進するという姿勢をしめした、あるいはそういう姿勢をしめしえた。と同時にそのなかに、ただたんに「反代々木」の段階にふみとどまることなくスターリニズムの党を革命的に解体してゆくという新しい政治的な力がすでにあの裏側に芽ばえていたんだ。そういう本質的な問題を彼らはなんらとらえていない。

安保闘争とハンガリア革命

たしかに、安保闘争は戦後日本における大衆運動において最も大きなピークをなしたことは事実である。いまだかつてない高揚をしめした、これは事実なんだ。しかし、この事実にイカレたらわれわれは駄目なんだな。なぜ、戦後十五年たった今日においてそういうピークがうみだされたのか、というようなことを分析することが必要である。われわれはたんに現象的なものを眺めただけでは駄目であり、なぜそうなってしまったのか、そういう諸問題にたいして照明が照らしだされなければならない。そういう問題について、彼ら文化人諸君はなんら気づいていないわけだな。

だから、簡単にいうならば、そういう「安保全学連」イカレポンチ文化人たちのごまかしというのは、戦後日本における革命運動の挫折、こういうものにたいしてまったく目をふさぎ、そういう挫折の結果としてうみだされているところの一九六〇年のあの安保闘争の現象的な盛りあがり、これを過大評価している、ということが彼らの本質をなすわけだ。したがって彼らは、そういう反代々木的なムードがつくられたということの根拠が何であったかということについてはなんらメスをふるわない。この「反代々木」ということがムードとしてさえも前面に浮かびでたということは、先にもふれたように、一九五六年のハンガリア革命の必然的結果として呼びおこされたわれわれの反スターリニズム運動、こういうものなしには決してありえなかったわけだ。

ところが、たとえばの話だけども、「六・一五非難声明」の中心人物であるところの森田

［実］、香山［健一］、清水幾太郎、これらはハンガリア革命のときに一体、何をしていたのか。清水は日本にいなかった。どこにいたかというと、ハンガリアに最も近いオーストリアにいたんだよ。清水はハンガリアから亡命してくるそういうハンガリアの労働者とかな、避難民とか、そういう人たちを目の当りに見ているにもかかわらず、今日にいたるまで彼は、ハンガリア革命そのものについて一言も語ろうとしない。そういうごまかしを彼らはやっているし、ただたんに、日本人としての清水は安保をおおいにがなりたてるわけだ。

しかし、大衆運動ということだけを見るんでなく、日本における革命運動をいかにおしすめていくのかという観点にたつならば、ただたんに安保闘争の現象的な盛りあがりということを見るのではなく、そういう安保闘争の盛りあがりの裏側に［あるものを］、革命をおしすめていく立場から見なきゃならないはずなんだな。そうするとやはり、現代のコムニスト運動にとって決定的な問題であるところのあの一九五六年の問題が、われわれの追求されるべき中心問題として浮かびあがってこざるをえないわけだ。ところが、清水はそれについてまったく判断を停止するし、意見を述べない。述べようとするんだけども述べられない、そう言ってもいいかも知れない。それは少し誉めすぎだな。（笑）

で、そういう清水の尻っぽにくっついた森田、香山とかいう奴らは一体どういう連中なのかというならば、彼らはブント結成においても後からついていけなかった人たちであるだけでなく、つまり彼らは一応ブントに入っているか入っていないかよく分からない——まあ、ブントを当時やっていた人は「入っていない」と言うけども、森田、香山は「入っている」というふうに自称している、それほどにブントというのは組織がおかしいというふうに言ってもいいわけだが——、しかしとにかく、われわれとしては、森田、香山という男たちはブント形成になんらかの働きをやると同時に、ブントのなかでも左翼スターリニズム的な潮流としてつまはじきされていた存在であったわけだな。

なぜそうなったかというと、ブントの人たちよりも、より悪く、スターリニズムからの訣別をなしとげていないということなんだ。それをさらにいいかえるとどういうことかというならば、彼らはＡＧ《アージェー》時代というかな——ＡＧというのは反戦学生同盟で、ブント以前に全学連の活動家組織としてつくられたその反戦学生同盟だけども——、その反戦学生同盟が一体ハンガリア革命にたいしてどういう態度をとったかという、この一つの事実だけをとりあげるだけで十分だと思うんだな。「ＳＥＣＴ №６《セクト・ナンバーシックス》」［「六番目の組織」の意］なんかの周辺にたむろしていた例の中村お光［光男］、これは反戦学生同盟の親方だったんだけども、そういうお光とか、香山とか森田というのはだな、ハンガリア革命のクレムリンのタンクによる弾圧を、クレムリンよりも代々木よりも熱烈に支持したんだよ。この事実は、われわれは消すことはできない。

こういう過去について、彼らは何事をも語ろうとしない。しかし、われわれは、そういうハンガリア問題、スターリン批判の必然的結果としてでてくるハンガリアの問題について何事も語らなかったそういう人たちが、安保闘争の過程においては反代々木の先頭にたっているような恰好をしめし、そして安保闘争以後には「新左翼」と名のって浮かびあがり、半年もたたないうちにゆきづまり、そして社会党の周辺にたむろしはじめる。そして今日は、忘れられては困るということで、わずかに革共同にたいする「非難声明」というかたちでみずからの存在を証明することしかできないぐらいに落ちぶれているわけなんだ。これは、ただたんに彼らのやり方がまずいからというんでなく、彼らの思想的なごまかし、そしてそれのごまかしからでてくるところの御都合主義というものの必然的な結果であるわけだ。

そういう、安保直後に「新左翼」を名のってきた人たちが［いると同時に］、安保闘争のときには何事もやらないで安保闘争の以後三池闘争の敗北にのっかりながら、構造改良路線を提起してきた社会党の尻馬にのって立ち現れてきた構造的改良派、そういう「新左翼」と構造的改良派というのは去年の代々木共産党の周辺にいたわけ。周辺てのは、中にいたけども日本共産党の八回大会［一九六一年七月］前後に追んだされた。追んだされてから、いわゆる春日派というものをつくって何とかしてやってきたんだけども、ついに彼らは参議院選挙にたいしてどう対処するかということを一つの動機として――もっと本質的な食い違いは組織路線にあるわけなんだけども――、そういうのをきっかけとして分裂し、どうしようもなくなった。今日では春日派というやつは、社会党のなかに没入する。と同時に、原水禁大会〔六一年八月〕の前後に一つあらわれてきた特徴的な現象は、代々木とわれわれとの（われわれがもっとも最左翼とすると、その右に代々木があるんだけども）、その代々木とわれわれとの中間に位置していたそういう「新左翼」とか構改派の連中というのは、いまや公然と社会党のなかに没入しはじめたわけだ。

これは、われわれの闘争が無原則的でなく、原則をつらぬいてやっていくということからして、そういう「安保全学連」イカレポンチなんかを僕らは相手にしない。相手にされないからどうしようもない、自分自身でやろうというんだけれども、自分自身でもできない。そういうふうにして、彼らはいまや社会党のなかに没入してくる。まあ、みんなはよく、過去にどういう人が代々木のなかにいたかというのは知らないと思うけども、この頃の社会党の機関誌『月刊社会党』なんかに名前の載っかっている人たちってのは、もと『前衛』に載っかってたような人たちがうーんといることに僕たちは驚かされるわけだな。そういう恰好に、ひとつ、代々木の右翼的な部分というのが必然的にも社会党のなかに没入しはじめた。

ところで、そういう構改派というのも、清水がハンガリアの問題について何事も言わなかったとまったく同じように、構改派の連中も何事も語っていないんだよ。たとえば構改派のイデオローグの一人とみなされている佐藤昇なんていうのは、あれはかつては中西功の意見書なんかを書いていたほどのかなり「左翼」的な立場にあったわけだ、もちろん括弧づきだがね。なぜなら、中西功というのは今日は代々木のなかに没入して冷や飯食ってるけれども、彼が戦争直後に「社会主義革命」の路線を掲げた唯一の存在であったわけだな。ところが、どういう関係か知らないけれども、ずるずるっと、年とったせいもあるかも知んないけども、だんだん右翼的に転換し、今日では神山茂夫のような民族主義者と一緒に代々木のポストのなかで飯を食っとる、という状態になってったんだけども。そういう中西功の意見書、これは要するに「日共の路線は民族主義でいかん、社会主義革命。二段階戦略じゃ困るよ」というようなことを書いたんだけども、そういうのグループにいた佐藤昇は、何事をもハンガリア革命のときに語ってはいない。にもかかわらず、今日彼が書くものは、「ハンガリア革命のときから俺は革命的であった、スターリンの誤謬を暴き弾劾し前進しようとする姿勢をとっていたんだ」という歴史の偽造を公然とやってるわけだな。こういうごまかしを、僕たちは明確につかんでおく必要があるわけだ。なぜならば、たしかに現代日本の大衆運動という観点からみるならば、安保闘争は一つの結節点、ピークをなしている。だが、さっきも言ったように、二十世紀の革命運動という点にわれわれの視点をすえるならば、一九六〇年ではなく、まさしく一九五六年の問題が、すべての二十世紀コムニストの問題として問題にされなければならないわけだ。

そしてもう一つの例をあげるならば、あれほど「安保全学連」の闘いを誉め讃えたそういう人たちが、ソ連の核実験にたいして一体どういう態度をとってるのか。彼らはハンガリア革命のときとまったく同様に沈黙であるし、あるいは沈黙が恥ずかしいから一年たった今日では「あらゆる核実験反対」「ソ連の核実験にも反対しよう」ということを恥ずかしながら言いだす。言ってるんじゃない、つぶやいているのかも知れない。なぜなら、「米・ソ核実験反対」のスローガンを掲げてたたかった全学連にたいして、ほかならぬ機動隊を動員させたのは彼らなんだな。そういうふうに、ハンガリア革命にたいして断固たる態度をとりえなかったし、そして今日でもまた、ソ連の核実験にたいしても断固たる態度をとりえない。これは何を意味するかというならば、一九五六年の転換をなんら明確につかんでいないからなんだな。安保闘争で歴史を切るという彼らの思考法のまやかし、二十世紀の革命運動の結節点が、われわれの二十世紀の運動の結節点が五六年にあるということ。

なぜ、われわれがこの五六年ということを力説するのかということをいうならば、僕らは一九一七年のあのロシア革命を知っている。そしてロシア革命を実現したソ連、現代のソ連というものは、いろいろな欠陥をもちながらもとにかく労働者の国であるということを僕らは考えていたわけだし、そして僕自身もそうだったわけだ。欠陥はあるんだけども、なんとなくやはり労働者の国家だと思ってきた。ところが、一九五六年の二月に開始されたフルシチョフなどによるスターリンの犯罪の暴露、そしてそれにのっかりながら東ヨーロッパのいわゆるソ連圏の内部で展開された「非スターリン化」の運動、この運動の一つの結果として盛りあがったのがポーランドにおける政変であり、そしてハンガリアにおけるボカーンという革命であったわけだ。

ポーランドもハンガリアと同様な事態にならなかったというのはなぜかというならば、ポーランドの指導者のゴムルカは民族主義者であり、そういう民族主義的な観点からソ連の官僚制にたいしてたたかった。たたかったと言ったらおかしいけども、丸くおさめたんだな。ところが、そういう丸くおさめきるだけの力をもっていなかったのが、ハンガリアの当時の頑固派スターリニストのラコシ、ゲレにとって代わったナジであったわけなんだ。ナジはかなり右翼的な左翼中間主義であり、民族主義じゃないと思うんだけども、左翼中間主義的な態度をたえずとり、しょっちゅうオタオタした。そういうオタオタした状況にたいして、クレムリンのタンクがどどーっと行った。で、これは困ったということになったりして、クレムリンのタンクの上からカダールというおじさんがな、乗っかってきたわけだ。そして、それがナジにとって代わったというようなことからして、民族主義者のゴムルカが指導したポーランドとは違うかたちになっていったわけだな。

そういう事態にわれわれは直面させられることによって、現代のコムニズムそのものへの問題をわれわれ自身の問題として提起されざるをえなかったわけだな。もちろんその場合に、スターリニズムというものをわれわれはまだ明確につかみとってはいない。しかし、われわれが労働者の国家だと思っていたところにたいして、そういうさまざまな問題がでてきた以上、われわれは根本的に追求していかなきゃならない。ハンガリアの事態がよく分からないから事態が分かるまで黙っていようというふうな客観主義的な態度はとれないわけだな。もちろん、労働者側に発砲させたということに憤激すること、クレムリンの官僚のタンクが労働者に発砲したということにたいして憤激するだけでとどまっていたならば、やはりわれわれはコムニスト失格であるわけだ。憤激は、さらにそれを理論的に磨きあげていかなければならない。これが重要なんだな。ソ連の核実験の問題についても、憤激を組織することは必要だ。しかし、それをたんに「全人類の危機」として、あるいはヒューマニズムの観点からそれをとらえただけでは、問題の解決には決してならないわけなんだな。それと同様にだ、ハンガリアの労働者が武力弾圧された、そういう事態にたいして怒るだけが問題じゃなく、その怒りをバネとしながら、なぜそういう事態がうまれるのかという根本的分析がなされていかなければならない。

日本「左翼」の分解と三つの思想傾向

ところで、そういう問題への根本的な掘り下げをやらないで、近代主義的な立場、とくに丸山政治学派などはモダニズムなんだけども、マルクス主義ではなく近代政治学の立場から即自的に反対するという傾向が一つ典型的なかたちであらわれてきたわけだな。これは代表的には、丸山真男の「スターリン批判の批判」という論文が当時もてはやされたわけなんだけども、これは要するに、ソ連における官僚制があいうハンガリア革命として爆発したんだし、そして伝統的なブルジョア社会においても官僚制というものがおこってきている、この官僚制というものを政治学の問題として解いていかなきゃならないんじゃないかというふうにだな、ソ連の政治体制と資本主義ブルジョア社会の政治体制との質的な区別というものを一応オミットしちゃって、ナベブタ式にな、それを共通なもんでくる、そういう思考法から、つまり官僚主義というものの根っこを政治学的に批判していくことなしにはスターリン主義なんてのも発生するんじゃないか、というかたちでとらえたわけだ。

これが、近代政治学の立場からハンガリアの事態にたいする批判の段階にとどまっているならば、さして問題はないわけだ。ところが、そういう近代政治学的な立場からのソ連の体制への批判ということが、マルクス主義理論そのものの内部にもちこまれる。この場合のマルクス主義というのは、あくまでもカギ括弧づきなんだけども、従来の「マルクス主義」と呼ばれていたもののなかに――これはマルクス主義と僕たちは呼ばないんだけども――、従来「マルクス主義」と呼ばれていたもののなかに、近代政治学のそういう批判が導入されることによって、「マルクス主義の二十世紀的転換」というようなスローガンがうみだされる。そして、コミンテルン型コミュニズムを克服して人民戦線型人民デモクラシーというのが必要だというようなかたちで提起される。

当時、このような「マルクス主義の二十世紀的転換」を要求してきたこの傾向にたいして、どういうふうにみんなが受けとったかというと、やはり「一九五六年からは新しい時代がはじまったんだ」「マルクス主義も二十世紀的に転換されなければならないんだ」という主張を、手ばなしで、ほとんど手ばなしで誉めたといっていいだろうな。しかし、これを僕らは、フルシチョフが一九五六年の二月に提起したところのかの二十回大会路線、これを、フルシチョフの路線を修正主義として僕らはとらえると同時に、その修正主義のあだ花としてわれわれはとらえたわけだ。当時、そのフルシチョフ路線、あるいはそれをさらに純粋化したトリアッチの路線というものは開花していなかったわけなんだけども、そういう、まずスターリニスト陣営の動揺と分解の傾向のなかから浮かびあがってきたところのそういう傾向、近代政治学の立場から既成のマルクス主義を批判するという傾向は、あだ花としてあらわれてきたんだな。で、それが癒着するという関係は、当時洞察することは難しかった。しかしわれわれは、これはフルシチョフ修正主義のあだ花であるというふうにとらえることによって、すでに当時一九五六、七年の段階において、近代政治学者と構改派の癒着ということを予言していたわけなんだな。今日「マルクス主義の二十世紀的転換」という旗印をあげた松下圭一、法政大学にいるな、トルコ風呂研究している人だよ。（笑）その松下圭一というやつはだな、公然と構改派と癒着し、構改派といいちゃいちゃするばかりでなく、社会党のなかにもぐじゅぐじゅ、ぐじゅぐじゅやっているわけだ。そういう今日の彼らの姿を、五七年においてわれわれは明確に暴きだしてきた。*

＊「大衆社会論批判のために」『スターリン批判以後 上』（こぶし書房）参照。

そういうことを、だから現時点からいいかえるならば、近代政治学の路線からする既成のマルクス主義への批判は、明らかに既成のマルクス主義への近代主義的修正としてあらわれてきたわけだな。この近代主義的修正というやつは、当時のスターリニスト戦線の瓦解というものをかなりおしとどめるという作用を演じたわけなんだ。松下とともに、そういう近代政治学的なスターリニズムの批判をおこなったもう一人の人に、藤田省三というやつがいるんだ。これも法政だな。これは、一九五〇年の段階において火炎ビンを投げた男なんだよ。にもかかわらず、そういうてめえの過去については何事も言わない。いや言わないんじゃない、言いたいんだけど言えない。そこで、彼はここ五、六年のあいだ『転向』という本をつくるために一所懸命になってた。（笑）『転向』という本は、たしかに戦前から戦後にかけての日本における自称マルクス主義者が権力にみずからを売り渡していった思想的な堕落をいうわけなんだけども、そういう堕落を研究することによって、火炎ビン主義者としての自己から修正主義者としての自己への転向を合理化する（そういうふうに言うとかなりきついけどな、まあ、そう言わなきゃしょうがない）、そういうかたちのことをやっているわけなんだな。そういう近代政治学というのを哲学的にとらえるならば、これはプラグマチズムなんだ。そしてプラグマチスト、日本型プラグマチストといわれているところのものは、一九五六年まではいわば代々木の真綿という役割を占めていたわけだ。

今日、社会党のまわりに、いわゆる文化人というのはほとんどいないんだよ。一人いるわな、松岡洋子ってのがな。（笑）しかし、ほとんどすべてのな、文化人といわれているのは、たいてい代々木の周辺にいるわけだな。木下順二もあれはそうだし、中島健蔵っていうのはあれは秘密党員だしね。もう、そこいらを転がっているのは、ほとんどすべて代々木の緩衝地帯を形成していたわけなんだな。これをスターリニストと親しい人という意味でね、プロ・スターリニストというわけなんだ。だけども、ハンガリア以前には、いわゆる進歩的文化人、代々木のつっかい棒をやる進歩的文化人というふうにいわれていたわけなんだけども、その進歩的文化人のグループは、一九五六年から静かなる分解をしめしはじめたわけだ。彼らは明確にマルクス主義者ではないから、プラグマチックにいろいろな問題を処理してゆく。したがって、ハンガリア問題というのも彼らなりにうけとるわけだな。そして、彼らは社会科学的な目玉をもっていないから、スターリン型の思考法、そういうものはどっからでてくんのかなという点に分析を進める。その結果として、まず彼らが第一番目に着手した事柄は、戦後日本の思想史の分析、そしてそのなかにおける日共の役割、そういうものを批判するというふうになっていくわけだな。

そういう、日共の戦後における思想戦線というのは、いわゆる民主主義科学者協会というやってでおこなわれていたわけだ。この民主主義科学者協会というやつは、要するに「現代日本におけるる革命はプロ革「プロレタリア革命」でなくその前提をなすところの民主主義的段階にあるんだから、民主主義者みな集まれ！」という立場からでてくるのをはっきり物語っているな、その名称が。通称「民科」ってやつなんだ。そういうものの分析を通して教条的マルクス主義――マルクス主義じゃないんだけども一応マルクス、エンゲルス、レーニンなどの理論を拝むっていうのを教条化するっていうんだな、ドグマとする――、そういう教条主義というものにたいする批判を恥ずかしげながらやる、恥ずかしそうにやるわけだな。なぜ恥ずかしそうにやるかというと、彼らが摘出したところのものは、その当時彼らが無視したところのものを誉めるんだよ。「十年前わたしは気づきませんでした、しかしやはり現時点からいうとこれは大切なことです」というかたちで、戦後における主体性論争というものを一つの戦後日本における成果として彼らはとりあげたわけだな。主体性論争がおこっていたまさにそのときに、そういう問題について彼らは徹底的に評価をあたえはしなかった（これはわざと「評価」という言葉を使うんだな、客観主義的なもんだからね）、評価をあたえはしなかった。だけども十年たった今日、彼らは、そういう主体性論のなかの最も革命的な部分にたいして評価をあたえるという恰好になる。

そして、こういう思想的な場面から御都合主義的に評価がえ、再評価をおこなったそういうグループ、これは鶴見俊輔という頭のおかしな人な、あいつに象徴されるところのものだ。八月十五日に、彼、デモンストレーションやったんだよな。「八月十五日は戦争の記念日だ」とな、「われわれは戦争を思いおこそう」というわけで坊主頭にしたんだそうだよ。しかしその坊主頭にするのに、自分で黙ってそっとやればいいものをね、仲間三人集めて新聞記者を呼んで、そして銀座のどっかの床屋さんでな、頭を刈った。（笑）そういうふうなことをやるというのは、自分自身が忘れかけられているのをね、何とかして、こうマスコミのネタにしてね、存在価値をしめそうという、そういうやり方なんだな。まあ、それは飛び火したけども、五六年からそういうことをやって、プロ・スターリニストとしての自分自身からの訣別をなんらおこなわない。で、それに加わったのが久野収と藤田省三であるわけだ。藤田省三っていう男は、さっき言ったように、かつては火炎ビン主義者だったわけだな。久野収っていうのは、戦争中は一応、民主主義者として、ブルジョア民主主義者として「戦争反対」的なことは言って『世界文化』ってなような雑誌を出していたけども、こういうやつは俊輔と同じになって代々木のまわりにうろちょろ、うろちょろしていたんだけども、そういうことについては全然自己批判しない。学生の運動を誹謗したり、弾圧したり、こう、やっている。ところが、どういう加減か知らないけども、今年のソ連の核実験でなくアメリカも核実験をはじめたんでやっと空気が入ってな、「これは、われわれは日本人として、広島・長崎の体験にのっとって核実験に反対しなきゃいけない」てなことを言いだしたけども、彼らはなんら行動をおこなわない。

ま、ともかくとして、とくに鶴見俊輔というのは、そういうかたちでなしくずし的にプロ・スターリニストから脱却する、まあ、転向するといってもいいけど、プロ・スターリニストをやめるというふうなことをやってきたわけなんだけども、これが安保闘争の過程において全学連の尾っぽにくっついて、そして小ブル急進主義者として彼は立ち現れ、そして清水と一緒に今度は安保闘争以後に「新左翼」を名のって立ち現れてきたわけだ。しかし、清水とともに心中するのはまずいというのでやめたらしいけれども、とにかくそういう無原則的なことをやってきている。

第三番目の流れとして、一番はじめを近代主義的な、近代政治学的な反撥、批判というのが一つとすると、第二番目が代々木のとりまきの分解、それから第三番目の傾向としてあらわれてきたのが、代々木のスターリニズム、代々木の党をささえている理論的な柱としてのスターリニズムそのものへの分析を放棄して、ただたんに「代々木の官僚主義は悪いんだ」というような民主主義的反対派というのが、民主主義らしくおとなしく立ち現れてきたわけだな。

要するに、今までは官僚化していたというんだけども、それはまずいというんで人当りがよくするというようなことにする、そういう傾向があらわれてくる。

大体一九五六年あたりから、日共党員のなかでも若い部分の頑固派スターリニストってのも大分ソフトになったんだよな、今日と過去と比べると。たとえば芝田進午っていうのは、これは僕が「民科」に行ってたときには呼びつけられて、じゃないやな、歩きながら「君、査問する」と、こうきやがってな。ま、いろいろ、こう「民科」で暴れたから査問されたわけなんだけどもな。「査問」という言葉も俺はよく知らなかったけれども、ほほーんと思って聞いてたけどな。で、そういうことをやったということは、彼、覚えているわけで、スターリン批判以後に「これは申し訳ありません」という手紙を送ってきたから、まだとっといてあるよ。（笑）そういうふうにな、芝田なんか、まあ、この頃も弾圧なんかもするかも知れないけども、ああいう奴はかつてはものすごく官僚的だったんだな。ま、ツラまで官僚的になっているけどもな。（笑）そういうのが大分ソフト化してくる。そういうソフト化したのが、一つの結果として出てきたのが、あの構改派である。構改派っていうのが一番骨がないから、一番後から現れて一番早く立ち消えになる。

こういう反官僚主義的な傾向というやつは、もう一つ、安保闘争の過程においては吉本隆明なんかのブントにひっついた文化人たちな、吉本や鶴見なんか、そういう文化人たちは、代々木の官僚主義反対ということを「前衛主義反対」という言葉で批判し、立ち現れてきたわけだ。まあ、これは後でやるとして、とにかく、スターリン批判とハンガリア革命というこの「二つの事件が」二十世紀の運動にとって決定的な意義があるということは、一九一七年という時点がひっくりがえっているということを、われわれのボンクラに教えてくれたことなんだな。これを決定的なモメントとするということが、やはりわれわれの運動の一つのモメントであるわけだ。

反マルクス主義の立場への移行

ところで、今あげたような、スターリニズムというものを明確につかみとらないで、スターリニスト党がうみだしているところのさまざまな傾向にたいする反対、近代政治学的な反対、あるいはそのまわりにうろちょろしていたプラグマチスト群の分解、そして官僚主義にたいして民主主義的に反対するというようなのに共通につらぬかれている欠陥は何かというならば、その第一は、スターリニズムとマルクス主義とを一緒くたにする、スターリニズムとマルクス主義とを等置する（等しく置く）。そうすることによって、マルクス主義反対、反マルクス主義というような立場に移行していくわけだな。

たとえば、かつてマル学同の一部にもでて、脱落していった一人の男が、こういうことを言ったんだな。「マルクス主義は古くなった。一九三二年におけるドイツの革命の敗北、あの当時、社会ファシズム論を提起することによってマルクス主義は死滅した」。そういうふうに「マルクス主義は死滅した」というふうに彼らは言うんだけども、このことを裏からいえばどういうことになるかというと、自分自身がマルクス主義を放棄するための口実として使われているわけだな。大体において、「マルクス主義は古くなった」と言いだす人はな、たいていマルクス主義から脱落してゆく人の口実としてだされている。理論的には、そういう「社会ファシズム論がマルクス主義の命とりになった」というようなことを言うとともに、組織論的には前衛、レーニン的な前衛組織論反対。このことのごまかしは、レーニンの前衛党から必然的にスターリンの官僚主義的な党ができてくるのであって、スターリンの党組織論とレーニンの党組織論とはまったく同じだ、と「する点にある」。われわれもまた、それは連関においてとらえるけれども、決してまったく同じだというふうにはいわない。しかし、「レーニンの前衛党組織論から必然的にスターリンのあの官僚的組織論がでてくる」というふうに言うことによって、裏から、レーニンが批判したところのアナキスト的な思考法（組織論というかな、思考法)、大衆の自然発生性を拝むという傾向、そういう傾向を裏から導入してくるわけだ。「スターリニスト党＝レーニン主義の前衛党」、こういうふうにおくということは、その裏側からアナキスト的な立場を密輸入することだな。そうすることによって「マルクス主義は古くなった」、そしてマルクス主義反対、反マルクス主義の傾向へ転落してゆく。これは過去二年間において、われわれが一度、二度、小さいながらも経験した一つの思想的な流れであったわけだ。

第一のごまかしが、そういうようにスターリニズムとマルクス主義を等置するのにたいして、第二の流れとしては、共産主義とスターリン主義とをごっちゃにするやり方だ。今日のソ連というのは共産主義というふうにうけとり、「共産主義はつねにかならずスターリン主義になる」、こういうふうにとらえる。こういうとらえ方というのは、われわれの日本における左翼にはあまりないわけだな。しかしヨーロッパにおいては、こういうふうに「共産主義＝スターリン主義」というふうにして、そういうスターリン主義的共産主義への反対を「社会主義」という概念であらわそうとする。これが、ヨーロッパおよびアメリカで共通にでてきている事柄だな。もちろん、社会党なんてのは、日本の社会党はヨーロッパなんかの社会党よりもずうっとプロ・スタ的なんだけども、しかし共産主義をスターリン主義と等置し、そしてそれへの反対を社会主義というふうにとる。だから、今日のヨーロッパにおいては「コムニスト」というとスターリニストと同じ意味なんだな。スターリニストにたいして反対というのは、「コムニスト」と言わないで「ソーシャリスト」と言うんだそうだ。だから、われわれが「レボルーショナリィ・コムニスト」と言うと、さっぱり分からないらしいんだな。

と同時にだな、われわれはこの点をもう一本つっこんでいくと、スターリニズムと共産主義（コムニズム）とを等置するというやり方、こういうやり方は同時に、反スターリニズム運動、アンチ・スターリニズムの運動がなぜ起こらないかということのひとつの思想的表現をなすわけだ。なぜならば、スターリニズムとマルクス・エンゲルスのコムニズムとの区別をつけないとするならば、スターリニズムへの直接的反対、直接的対置しかなしえない。スターリニズム的共産主義にたいして、社会主義しか対置しえないわけだな。そこには、スターリニズムそのものにたいする分析が欠如しているわけだ。分析が欠如するということはどういうことかというと、スターリニズムにたいして対抗するアンチ・スターリニズムというバネが当然でてこなくなってくるわけだな。いいかえるならば、スターリニズムをただたんに官僚主義としてとらえ、この官僚主義的なコムニズムにたいして民主主義的な社会主義を対置する、そういう思考法がヨーロッパに根強く残存しているわけだ。

今日の日本においては、われわれの運動、反スターリニズム、アンチ・スターリニズムの運動があるから、de-Stalinization《デ・スターリニゼーション》「非スターリン化」という言葉はほとんど聞かれないといってもいいだろう。一九五七年ぐらいの日本においては、やはり「非スターリン化」という言葉はあったんだけども、そういう「非スターリン化」ではなくして、アンチ・スターリニズムの運動がわれわれによって展開されている。そういうことの思想的意味、あるいはヨーロッパにおいては反スタ運動が伸びない理由、これは、ほかならぬ今言ったところの、共産主義とスターリニズムをイコールにおいてそれに社会主義を対置するにすぎないからだな。こういうしかたにおいては、スターリニスト党にたいしては、それの官僚主義批判、民主主義の対置というかたちしかあらわれない。そして、それが思想的には社会主義の主張というかたちでしかあらわれないわけだな。だからヨーロッパにおいては、「非スターリン化」という言葉が氾濫するということと、そういう「非スターリン化」を唱えている人たちが社会民主主義的な傾向に陥没してゆくということとは、密接不可分に結びついているわけだ。

だから彼らは、「非スターリン化」あるいはスターリニスト党に反対して何とか革命的なレフトをつくろうとしているそういう部分、きわめて少ないこの部分においてすらも、スターリニズムというものそのものの分析をごまかしちゃって、「今日のソ連は官僚主義的体制だ」、そして「官僚主義的な体制はソ連だけでなく、伝統的な資本主義諸国、帝国主義陣営もまた官僚主義化の方向にむかっている、両方とも官僚主義の方向にむかっている」。そういうふうに彼らはとらえることによって、官僚主義への反対――どうやって反対し、どうやってぶっこわしてゆくのかというこのプロセスの問題をやらないで――、官僚主義にたいしては「労働者の直接的管理が必要なんだ」ということを彼らは言う。労働者が生産を直接的に管理すること、これはいいんだな。しかし、だが、そういう労働者による生産の管理のやり方というのは一体どうなのか、それをやる組織は一体何なのか、そういうのがコミューンとかソヴェトといわれるんだけども、そういう問題については彼らは追求しない。官僚主義にたいして「労働者の直接的管理を」ということを言うけども、この直接的管理を実現するための実体的な組織――ソヴェトと呼ぼうが労働者評議会と呼ぼうが何だってかまわないけども――、そういう労働者の直接的管理を実現する組織をどうつくるのかということをやらないから、したがって直接的管理というのが目標として、スローガンとして掲げられても、決して実現できない。

そのことは、ソヴェトとかそういう未来の社会の組織をつくりだすということがぬけているということは、さらにもっと現実的な問題としていうならば、社会民主主義とスターリニズムに汚染されている今日の労働戦線の内部に革命的な部隊をどうやってつくっていくのかということにたいする考え方、革命的な前衛党組織論の問題……［テープが途切れている］とにかく、マルクス主義というものは、じゃあ一体どういうものなのかということを言わなければならないわけだな。

いままで喋ったことを簡単にいうならば、まず第一点としては、安保闘争が戦後日本における革命思想の転回点をなすんじゃない。大衆運動としてはかなり伸びてきたけれども、かなりの高揚をしめしたけれども、それは二・一スト［一九四七年］を頂点とするところの日本革命の、戦後革命の挫折の必然的な結果を隠蔽する以外の何ものでもない。そういう二・一ストを頂点とする戦後日本革命の敗北という問題を明確につかみとる立場をあたえたもの、これはほかならぬ一九五六年のハンガリア革命であったわけだ。なぜならば、二・一ストにおける日本共産党の裏切り、アメリカ帝国主義者の軍隊を「解放軍」と呼ぶという戦略的な誤謬をおかしてきたわけなんだけども、今日の代々木は「アメリカ帝国主義は平和の敵である」と言うけれども、十七年前の彼らは、アメリカ帝国主義者は「解放軍」であったわけだよ。なぜならば、アメリカ帝国主義とイギリス帝国主義はドイツ・ファシズムにたいしてたたかった「民主主義的帝国主義」であったそうだからな。（笑）そういう二・一ストの裏切り、その根底にあるスターリニズムそのもの……［テープが途切れている］ハンガリア革命であったわけだ。

だから、戦後日本における革命思想の転回点というのは、われわれの意識にとって外的にあたえられたところの一九五六年のハンガリア革命であった。そしてこのハンガリア革命にたいして一体、こんにち左翼づらをしている人たちがどういう立場をとったかということをしめし、そして彼らのごまかしがスターリニズムとマルクス主義を、そしてコムニズムとスターリニズムをそれぞれ等置するというごまかしにのっとっているということを、いま説明したわけだ。

では一体、僕らは、マルクス主義はいったい古くなったのかという点について若干いうならば、マルクス主義というのは一体何なのか。たしかに、十九世紀中葉のあの産業資本主義的段階を基礎としながらマルクス主義はつくりだされていった。この意味においてはまったく前世紀的なもので古いわけだな。しかし、そうじゃなく、それがただたんに十九世紀的な生命をもつだけでなく、同時にその十九世紀を超えた人類的な意味をもそれが秘めているというのは、なぜなのか。

十九世紀のあの資本主義社会を物質的基礎としながら、十九世紀の産業資本主義社会に足をふんまえながら、そのもとで苦しんでいるプロレタリアートの論理、これを明らかにしたのがほかならぬ『資本論』であり、まさにこのゆえにだ、『資本論』はただたんに資本主義社会の本質的な法則をしめしただけでなく、同時にそれを廃棄した社会主義社会の方向までをも指ししめしていくわけだな。そういう、マルクス主義というのは、足を十九世紀にもっているけれども、しかし資本主義社会が存続するかぎり、それを転覆しうる理論として構成されている。これをマルクス主義の本質論的な性格というふうに僕らは呼ぶわけだけども、そしてこの点にかんしては、すでに『革命的マルクス主義とは何か？』というところの該当する項目*を読んでもらう、というふうに簡単に片づけたい。

＊　増補版『革命的マルクス主義とは何か？』（こぶし書房）、「Ⅲ　マルクス主義の現代的展開とは何か？」

そういうことからして、マルクス主義というのは古くなりっこないんであって、それを発展させていけばいい、というふうにわれわれはとる。具体的に、「何を言ってやんでえ」という人がいると思うから具体的に言うと、今日のソ連における経済学のいろんな本を読んでごらんなさい。『資本論』の「し」の字がさっぱり分かってないんだよ。『資本論』の「し」の字が分かっていないから、資本主義社会を転覆していくための過渡期の、あるいは社会主義の経済学をうちたてようとしたって、うちたてられっこないわけだな。そういうふうに、過渡期の社会あるいは社会主義社会の分析をするにあたっても、『資本論』は決定的な武器となる。ところが今日のソ連においては、『資本論』というものがほとんど理解されていない。

モスクワ大学のいろいろな研究室にいけば、それぞれの学生は一部屋をあてがえられて、マルクス・エンゲルス、レーニン、スターリン全集がごそっとあるところに座らせられて勉強させられるんだそうだけどさ。そういうところに入れられると、もうパトスがなくなっちゃうわけだ。（笑）しかも、ノルマをあげなきゃいけないというから、ソ連の本というのはみんな分厚いんだよ。あれはやっぱり食う賃金に関係しているんだよ。（笑）だから長いばっかりでね、ぜんーぜん、もうパトスもなければ、何ていうかな、結果的な解釈であって過程的な展開が少しもない。まあ、これを逆にしたのが宇野弘蔵であり、「『資本論』が書かれることによって社会科学の分野におけるノーベル賞はなくなった」というようなことを言って呑気にかまえているのが宇野弘蔵だけれども、これはソ連の裏返しだな、学問的態度として。そうじゃなく、われわれはそういう十九世紀に直接対応したかたちでマルクス主義をとらえるんでなく、十九世紀に足をふんまえてつくられているんだが、しかし同時に十九世紀を超えて資本主義を打倒しそして社会主義を実現するという方向にむかっていくための指針となる理論として、われわれはマルクス主義の根本的性格をとらえなければならないわけだ。

Ⅱ　革命的マルクス主義の立場

以上によって、マルクス主義の理論と現代との関係というのは、大体そのように僕らはとらえるわけなんだ。そういう意味においてわれわれはマルクス主義者であり、マルクス主義者であるっていうことを誇りに思っている。しかし、残念ながらだな、依然としてわれわれはそれに形容詞をつけなきゃならない状態にあるわけだ、革命的マルクス主義者とな。（笑）これはまったく悲劇的な事態なんだな。マルクス主義者でないものが「マルクス主義」と名のってるから、マルクス主義でないものをマルクス主義ではないというふうに言うために、われわれがわざわざ「革マル」というようなことを言わなきゃならない。

しかし、この革命的マルクス主義者の立場というのは、ほかならぬわれわれが運動を展開している根底にある立場であるわけだな。われわれのこの運動というのはわずか五年間の闘いをやったにすぎないけれども、この闘いというのは激烈なイデオロギー闘争の過程であったわけだ。これは『革マル主義とは何か？』というやつを読んでもらえれば分かるわけなんだけれども、われわれは、スターリニズムが駄目なんだということで直接それの敵対物としてのトロツキズムを受け継いだわけではない。スターリニズムにたいしてトロツキズムを直接おきかえるならば、それは単なる裏返しのスターリニズムでしかない。それはまったく主体性を失ったものである。やはり、われわれはスターリニストであった。まったくのずぶずぶのスターリニストじゃあなかったわけなんだけども、スターリニズムにはいろいろな問題については批判的な立場をとりながらも、スターリニズムそのものについては断固たる態度をとりえなかった自分自身の過去、こういうものにたいして切開をおこなう、そういう自己省察を基礎としながら、トロツキズムを受け継いでいこうじゃないか、われわれの日本の革命をどうやっておしすすめてゆくのかという立場を基本としながら、トロツキズムを受け継ぎ、受け継ぐばかりでなくマルクス主義を本当に現在的によみがえらせ実現してゆくという立場をわれわれはとるべきだ。これが、革命的マルクス主義の立場であるわけだな。

＊　同書、「Ⅱ　日本トロツキズム批判」参照。

もちろん、こういうマルクス主義の立場というものを前提にするのはおかしい、「マルクス主義そのものをも疑問符に入れなきゃいけねえんじゃねえか」というようなことを言いだす人たちもいるわけだ。僕はそういう人たちにむかってはな、ああ、そういうふうに信ずるならばその通りやってごらんなさい、と。われわれはマルクス主義者としてやるんだけども、マルクス主義の立場を拠点にすることがおかしいと思うんならば、そのつもりでやってごらん、というわけでやってみるんだけども、そういうふうな人たちはたいてい二年間、三年間たつとまったく変な方向にずり落ちてゆく。こりゃ、根拠があるわけだな。なぜなら、マルクス主義というのはプロレタリアートの立場の理論的表現いがいの何ものでもないわけだな。だからマルクス主義の立場にたってやるということは、プロレタリアートの立場にたって、理論的なものを、実践的なものを、そういうすべてのものをおしすすめてゆく立場であるからなんだ。

もしも、学問をやる場合でさえも、もしもマルクス主義の立場というものをぬかしてやったとしよう。そうするならばどういうものができてくるかというと、さまざまなものをだな、寄せ集めてくるやり方、子供がやるままごとみたいなやつだな。木の葉っぱだとかな、いろんなものをぐるぐる集めてきれいに飾るというやつやるだろう。あれと同じようにね、マルクス主義から或る点をちょい、それから記号論理学から或るものをちょい、近経〔近代経済学〕から或るものをちょい、近代政治理論から或るものをちょい、こういうふうにやって、ちょこちょこ、ちょこちょこっとつくって、なんかこうロボット的なものをつくるんだよな。それであたかも革命的なものをやったというような錯覚に陥るけれども、そういうものはだな、十九世紀の終りから二十世紀の今日にいたるまで、幾たびとなくあらわれ幾たびとなくぶっつぶれていったものを再生産しているにすぎないんだよ。

だから、われわれがマルクス主義の立場を拠点とするということは、プロレタリアの解放の立場を拠点とすることより以上のものをなんら意味しない。したがって、もしもマルクス主義理論のなかにプロレタリア階級闘争にとって邪魔ものがあるならば、それは公然と批判する。これは同時にマルクス主義の立場であるわけだな。そういう点をだな、マルクス主義者だというからマルクス主義をドグマ的に拝めということをなんら僕らは言わない、こういう立場を主体的な立場というわけだな。これは箸にも棒にもかからない立場とちょっと違うんだよ。結果的には、マル学同というのは箸にも棒にもかからないような頑固性ももってていいけどもね。(笑)そういうのがちょっとはずれるとだな、セクトになるわけだな。そういう意味で、原則を貫徹するけれども、さまざまな問題においていつまでも殻かぶっているような固いという必要はないわけだな。原則をぬかしちゃうとだな、主体性というのは成立しないわけだ。主体性とは何かというのは、哲学的、抽象的には後で述べる。

とにかく、われわれの過去五年間の闘いにおけるイデオロギー闘争というのは、ただたんにスターリニズムをいかに克服するかということに尽きるのではなく、同時にスターリニズムに敵対するような姿勢をしめしているトロツキズムをも批判的に克服するという闘いを通過することなしには、われわれは前進しえなかったわけだ。

ところが、現段階において調べた結果によるならば、そういうトロツキズムにたいする徹底的な批判・超克としてたたかっている潮流は世界に全然ない。トロツキズムの組織は第四インターナショナルといわれるんだけども、この第四インターナショナルは一九六一年秋に第六回世界大会を契機として完全にその自己分解をなしとげた。すでに一九五一年と五三年ぐらいのあいだにトロツキストの世界的な組織は分裂したけれども、今日では完全に空中分解をとげてしまった。ヨーロッパの指導部にいたパブロ、ジェルマン、ピエール・フランク、リビオ・マルターンとかいうような奴らはだな、すべてブルジョア・ジャーナリズムのなかに埋没してゆく。

これにたいして、やる気のあるトロツキストと自称するのがラテン・アメリカにごそごそいるわけだ。ラテン・アメリカというのは、しょっちゅうパンパーンとやってるだろ。（笑）あの中にトロツキストも大分いるんだそうだけれども、パブロ、ジェルマンを社民化したトロツキストと呼ぶならば、今日、第四インターナショナルを名のっているところのラテン・アメリカのトロツキストは、中共化されたトロツキストというぐあいに呼ぶことができるだろう。彼らは、「ソ連の核実験絶対擁護」、「いまやソ連は核実験において優秀だからどしどし帝国主義陣営に攻めて革命戦争をぼっぱじめろ」(笑)、まさに中共スタイルでもって彼らは世界情勢を把握しているわけだ。そういう、「パブロは理論的には正しい、ただやる気がない、プチ・ブルだから反対」、そういう程度に彼らはとどまっているんだな。ま、やる気かやる気じゃないかというのはブントによく似ているけどね。(笑)やる気でないと困るんだ。日本のトロツキストやる気だから仲良くしよう、と。まあ、冗談じゃない。こんな極左と一緒になったらアウチだからな。

そういう第四インターナショナルというのは、全然パーなんだな。それはなぜかというと、第四インターナショナルはトロツキストとは自称していても、われわれがすでに主張したように、トロツキーやレーニンの立場そのものを受け継いで実現しようという主体的な立場をなんらもっていないからだ。だから、トロツキーが生きていた段階、一九四〇年までは何とかさんとかいったけども、トロツキー亡き後のトロツキストの組織のそういう堕落というのは、トロツキストの立場、そういう主体的な立場がなんらないことの証明であるわけだ。

これをわれわれは現段階において知りえたんだけども、五年前のわれわれはこういう事実を知らなかった。しかし、一人の人物を通して、そういう現代のトロツキズムの堕落というものを直観し、それを理論的にぐいぐい掘りさげていった。今日、『革命的マルクス主義とは何か？』というパンフレットは、そういういろいろな世界のトロツキスト運動にかんするまったくの無知のうえに書かれているけれども、なんらの修正を要しないということはだな、何に起因するかというならば、われわれがマルクス主義の立場そのものを確固としておき、それを実現したという意味においてだな、トロツキストの動向を現実に知らなくても、それのあるべき姿を批判できるわけだな。そういうふうな闘いを通してわれわれの立場はつくられてきたんだけども、この立場というのはそれほど簡単につくられてきたわけではない。

主体性論の追求

直接的には、この日本の戦後の主体性論争、さっき鶴見俊輔が一九四七、八年の段階においてではなくスターリン批判以後の五七年ないし八年の段階においてようやく発掘したところの、あの主体性論というものを契機としながら、現代唯物論にぬけているところの主体的な立場、客観主義化した現代のソ連型唯物論にたいする批判というものが、十年の歳月にわたってくすぶりながらつくられてきたという過去をわれわれはもっているわけだ。

戦後における主体性論争というかたちのものは、理工系ゼミから無断転載で出しているパンフレットがあるよ、『戦後日本唯物論の堕落』*というやつを一応見てもらえばいいと思うけども、簡単に言っとくとだ、梅本［克己］とか梯［明秀］とかいうような人たちが客観主義化した主体的唯物論にたいして本当の実践的唯物論とは何ぞやということを追求した。「マルクス主義において空隙となっている主体性論」というふうに梅本さんは言うけども、この場合のマルクス主義というのはスターリン公認の「マルクス主義」という意味なんだな。本来マルクス主義は主体的な理論であったにもかかわらず、それがおかしくなってきた、そうすることによって結果的には主体性論がぬけおち人間論がなくなってしまったということの確認にふんまえながら、そういう理論を展開しようとしたのが主体性論のひとつの成果としてできあがってきたわけだ。

＊『スターリン批判以後　下』（こぶし書房）所収。

もちろん、このような試みは、一九二三年にジョルジ・ルカーチがやろうとした課題であったわけだ。ジョルジ・ルカーチというのは今年七十七、八かな。それが一九一八年のハンガリア革命のときに三十四歳で彼は文部大臣になったわけだ。しかし、そのときにハンガリア革命が挫折することによって、ハンガリア革命の挫折の体験を基礎としながら、かの有名な『歴史と階級意識』〔未来社、一九六二年刊〕というでっかい本を書いたわけなんだけども、それはほかならぬサンディカリズム的な傾向にあった自分自身を克服しマルクス主義の主体的な立場をたてる、という課題を哲学者としての彼自身に課したわけだ。そうすることによって、プロレタリアの階級意識とは何であるかという問題、そして革命的な組織はいかにつくられるべきか、ロシア革命はレーニンの指導のもとにボルシェビキ党をつくって成功をなしとげたけれども、しかしハンガリア革命はついに挫折を余儀なくされたということの事実認識にふまえながら、彼はそういうプロレタリアの階級意識の問題と組織の問題を中心としてやったわけだな。

しかし、その後のルカーチは、ソ連に行くことによって大分おかしくなって、単なる文芸というか、芸術史（歴史）、芸術の歴史家になってしまったし、その必然的帰結としては、第二次世界大戦後にはサルトルの批判なんかが非常にむさいものを出してしまうという結果に陥っている。そして彼は、第二次世界大戦のさなかにとられた人民戦線戦術、「ファシズムか、アンチ・ファシズムか」というこのおかちめんこ的な戦術だな、これを哲学の分野にもちこむとどういうことになるかというと、ファシズムの哲学は非合理主義的な哲学であり、これにたいしてアンチ・ファシズムのやつは合理主義の哲学である、ということになる。だから、「ファシズムか、アンチ・ファシズムか」という戦略的な課題を哲学の分野にもちこむと、「合理主義か、非合理主義か」というかたちで十九世紀から二十世紀にかけてのヨーロッパ精神史のふるいわけというのが必然的にでてくるわけだよ。これはもちろんマルクス主義ではないわけだな、そういう分析方法は。にもかかわらず、そういう立場を全然ぬけだすことができない。そして彼は逆立ち的な自己批判をおこなって、一九二三年の『歴史と階級意識』というやつには反映論がなかったとか何とか、こう、逆の自己批判をおこなってしまうわけだ。

しかし、そういうふうなケチなことをやってきたけれども、やはりそういう二三年につくりあげたルカーチ、きりひらこうとした唯一の哲学者、そういうルカーチの仕事を受け継ぐことによってはじめて、梅本とか梯の理論というのがつくりだされる基盤が、思想的基盤があったわけなんだな。そして、このような主体性論争にふんまえてつくりだされてきた主体性論というのは、たんに理論としてつくりだされたんじゃない。理論としてつくりだされるということは、そういう立場をとる革命的人間を同時につくりだすことであるわけだ。

そういうことからしてだな、日本においてハンガリア問題がたんにヨーロッパにおけるような「非スターリン化」の運動としてではなく、まさしくアンチ・スターリニズムの運動として展開されたひとつの思想的な根拠があるわけだ。スターリニズムのいろいろな戦略や戦術にたいする批判ということではなく、スターリニズムそのものからの思想的断絶、これを媒介とすることなしには、本当の革命的共産主義運動はうみだせないということ、このことは今日のヨーロッパにおける反スタ運動の未形成、まだ形成されていないという状態、そういうものから結論されうることであるわけだ。

たしかに梅本や梯のやった仕事、これはそれ自体としては観念論的な残りっかすを非常に多くもっている。もっていたとしても、そのなかから本当にわれわれにとって栄養分となるものをつかみだすことが問題であるわけだ。そういうことをやらずに、今日のソ連の哲学はおかしいということを言っていた人も、もちろんいたわけだ。ソ連の哲学、とくにスターリンの史的唯物論においては「人間の生産がぬけおちている」とか、スターリンの『弁証法的唯物論と史的唯物論』という本の中には「否定の否定がない」とか、いろんな具体的な例をあげながら、スターリンの教典、教科書の誤謬を暴きだしていた。そういう人がいたわけなんだけども、そういうことをやっただけでは、本当の自分自身の革命的な立場、そういうものはつくられないわけだな。だから、「人間の生産がぬけおちている」とか、「否定の否定がない」とか、いろんなことをあげつらった三浦つとむというのは、ハンガリア革命のときには神山茂夫の鞄持ちとして、彼は公然とハンガリアの革命［への武力弾圧］を支持したわけだ。

しかし、彼の弁証法が条件つきの弁証法、相対主義的な弁証法であるわけだ。彼の得意な例でいうと、鉄砲と虎とどっちが強いか、とこうやるわけだな。鉄砲の方がつねに強いというふうに言うのは観念論だ、と。どこが観念論だか分かんねえんだよ。(笑)それは時と場合によると、これだけ説明するんだよな。こういうのを相対主義というんだよな。時と場合によると。そりゃもちろん、そうだよ。鉄砲をかまえる前に虎がウォーッと、こうやってきたら負けちゃう。(笑)しかしだな、いくらね、虎が力が強くたってね、人間というのはね、大脳がちょっとよくできているんだよな。その産物がね、鉄砲であるわけだ。だから絶対的な意味において、やはり人間は虎に勝るんだよ、な。虎に勝るんだけれど条件が悪い場合には負けちゃう、こういうふうに説明すればいいんだよ。ところが虎と鉄砲、どっちが強いか、それはな、時と場合によって分からない、これが弁証法だ、と。とんでもハップンだよな。そういうようなことをやるのが三浦の人生論的弁証法なんだよ。(笑)「ずるく世を渡るのが弁証法だというふうに教えている」というふうに言ったら、三浦さんがカッーとなって怒っちゃったけどな。そういうことをやっているからこそな、ハンガリア革命のときに彼は支持した。ところが支持しただけならまだ許せるんだよ。半年もたたないうちに、ま、半年というと大げさだな、八か月か、まあ似てるな、八か月たったら彼は何の説明もなしに「ハンガリアを武力弾圧したのはまずい、これはいけない」というような意見をだして、クレムリンを批判するという点に百八十度ひっくりかえる。

あるいはまた、われわれの理論的な伝統の一つをなしているところの武谷の技術論をわれわれはもっているわけだけれども、この武谷技術論といわれるものをうみだしたところの武谷三男というその人は、一体どうなのか。こんにち彼は、ブラジルで原子力の何とかの所長をやって、大分あったかいんで彼の喘息もいいらしく、日本にあんまりいないらしいけども。この武谷三男という人は、やはり戦後における主体的な理論の展開という点にかんしては、ひとつの寄与をおこなったし、そしてわれわれは彼の三段階論とか、論理学の三段階論とか技術論とかいうものを受け継いでいるんだけども、この武谷は、さっき言った鶴見俊輔と一緒にやっていた久野収と一緒にな、一九五八年の『思想』の六月号「スターリンとスターリン以後の含む諸問題」という論文を書いているけれども、武谷と久野収との二人の名前によって出されているこの論文たるや、一国社会主義の必然性を軍事評論家的に正当化しているんだよ。

われわれは武谷の理論を受け継いでいるにもかかわらず、武谷とはまったく逆の方向を歩んでいる。こういう事態はどこからでてくるのか。武谷はスターリンの一国社会主義建設を、核爆弾には反対するけども、スターリンのソ連が核武装することはやむをえないというようにして美化している。こういうへんちくりんになるというのは、要するに、本当に徹底的にスターリニズムを克服しようとしていく立場を彼はとりえないからなんだな。そういう点は、武谷のすでに昔から芽ばえているところの技術主義というか、自然科学主義というか、そういうものが現代ソ連の諸問題においては、ソ連の一国社会主義的な武装、軍事力の強化の美化としてあらわれているわけだな。この点をもう少し公然と暴きだし、彼らのごまかしを徹底的に暴く必要がある。われわれは武谷のエピゴーネンだというふうについこのあいだまで言われていたけども、今日ではそうも言われない。しかし、武谷の理論というものの決定的な意義を認めると同時に、彼らの欠陥というものを公然と暴きだし、そして前進してゆく必要があるわけだな。

ところで、これと同様にね、われわれが梅本や梯の理論を受け継いでいるわけなんだけども、しかし梯さんなんかの場合には、いろいろ理論的にはおかしな点があるし、ソ連の『経済学教科書』なんかを手ばなしで誉めている。これは彼の論理から必然的にくるわけなんだが、そして今日の梯さんというのはな、全学連の運動についてもシンパ的な位置にあるわけだ。そして彼は、経済学的にというよりも哲学に凝ってるわけで、スターリニズムというものは何にも分からない。要するに彼は、ソ連の悪口を言えば何でもいい、というふうにしかうけとっていないんだな。そんなことをやっているもんだから、彼の本では、ソ連の人工衛星がボカーンと上がったということは「自分の宇宙史の哲学のソ連的実現だ」と、こう喜んじゃう。(笑) そういう人工衛星の下側にあるものだな、たしかに人工衛星それ自体というのはソ連における科学技術の前進をしめすものであるけれども、その裏側にはソ連のひでえ現実があるということを見落してはならないわけだな。そういう全体的な把握をなんらなしえていない。

それから、梅本さんの理論にかんしてもわれわれは受け継いでいるわけだけども、その理論というものに潜在的に含まれているいろいろな欠陥というのは、今日でも部分的にあらわれてきているわけだ。したがって国家論の理解のしかたにかんしても、あるいはマルクス主義の形成の過程のとらえ方においても、かなりの違いがでてきている。彼が依然として国家をレーニン主義的な実体論的形而上学的にしかとらええない、つまり暴力装置あるいは暴力機構というようにしかつかみとりえないということは、彼の疎外論の理解のしかたと不可分に結びついているわけで、この点は、たとえばだな、疎外の問題のつかみ方としていうならば——疎外というのは人間が人間でなくなることというふうに簡単に覚えててもいいだろう——、たとえば宗教なんかの場合には、キリストとかお釈迦様とかな、そういうものにたいして自分自身を見いだす、自分でないものに自分自身を見いだしているのを自己疎外というのだよ。本当の自分は自分自身いがいにはないわけなんだけども、そういうお釈迦様が俺だなというふうに思う人、そういうのはやはり宗教的自己疎外というんだけども、そういうのはおかしいと、自分でないものに自分を発見するのはそもそも資本主義社会がおかしいんだ、というふうにマルクスはつかんだわけなんだな。観念、頭のなかにおける人間の自己喪失といってもいいが、自分自身を見失うことというのはその後ろに物質的な基礎がある、それは資本主義社会における賃労働者のみじめな姿と関係しているんだよ、と。そういうことをマルクスは暴露したわけだ。それを、いわば天上から地上へ批判を結びつけていったというふうに言うことができるわけだな。

こういうことは原則として正しいんだけども、さらにね、頭のなかにおける自己喪失、自己疎外の原因が物質的な経済的生産関係にあるということは事実だ。だからといって、観念の、頭のなかにおける自己疎外を無視していいということにはならないわけだ。もしも、物質的な疎外が完全になくなるならば頭のなかの疎外もまたなくなる、というふうに単純に理解するならば、スターリンを崇拝したコムニストなあんていう、こういう自己矛盾的存在を分析することすらできないわけだな。スターリンを崇拝するということはどういうことかというと、コムニストが自分自身をスターリンに売り渡すということなんだよ。やはり、ひとつの悲劇的な疎外の状態であるわけだな。そういう意味においてだな、宗教的な疎外の物質的基礎は資本主義社会の経済的基礎にあるということをしめすことが第一点だけども、それをふまえながら、なおかつ観念における疎外の問題を扱わなきゃいけないわけだよ。

ところが、どういうことか知らないけども、そういう問題をやっていたはずの、十二、三年前にはやってたはずの梅本さんが、どうも今日はそういう問題がぬけおちる。そこからして国家形成の論理的過程の問題も、実体論的に地上の問題へすべり落ちてゆくとともに、意識における疎外とその克服の問題もルカーチ式にぬけおちてゆく、そういうような傾向がすでにあらわれてきているわけだな。こういう傾向にたいしては、やはり梅本さんに、梅本さんが過去やってたことをわれわれは知らしめる必要があるし、そして彼が過去にやってきたことをともに磨きあげてゆく必要があるわけで、そういうふうに武谷とか梅本さんとかの理論をわれわれは受け継ぐと同時に、彼らをも公然と批判し前進していかなければならないわけだ。

さて、このようにわれわれの立場というものは、戦後日本唯物論の革命的な伝統を受け継ぎ、この立場において、われわれに欠如していたところの社会科学的な諸問題、すなわちスターリニズムにたいする社会経済学的な分析ならびにトロツキズムの摂取、そしてレーニン、トロツキー、マルクスの革命論の本当の再検討と批判的な構成、そして現代革命理論のわれわれによる創造というような問題が、必然的に提起されてくる。そして、さらに経済学の分野においても、われわれはほとんど未だなしえていないわけなんだけども、さしあたり最も代々木のやつに敵対するかたちでつくられてきたところの宇野弘蔵のやつとか、戦後日本における一つのピークをなしたんだけども今日では決定的に堕落しているところの慶応の遊部の久ちゃん、こういう理論にたいする批判というものをもう少しね、公然とやる必要があるわけだ。

彼らは、たとえば遊部久蔵を例にとっていうならば、一九四八年、九年、五〇年、このあたりにおいては、かなり精力的な活動をおこなっていたわけだ。もちろんその内容たるや、『資本論』とヘーゲルの『大論理学』とが糊と鋏でパッパッパッとくる本なんだけれどもな。にもかかわらず、やはりね、やる気があったんだよ。だから何となくファイトはあったんだな、だから読む者をして感激せしめる部分をもっている。にもかかわらず、一九五二年に出たところのスターリンの『ソ同盟における社会主義の経済的諸問題』というもので「価値法則というのは、資本主義社会の法則ではなく、商品生産の法則である」というふうにスターリンが言った。ところが遊部の久蔵は、価値法則は資本主義社会の原理的な法則だというふうに思っていた。これは正しいんだよ。ところが「価値法則は資本主義社会の原理的な法則ではない」というふうにスターリンに言われたもんだから、遊部は頭にきちゃって自己批判しちゃったわけだ。（笑）自己批判しなければいいものをな。そうするとだ、もう後は二進も三進もいかなくなるんだよ。

そこでだな、一九五二年にスターリンの価値法則論、商品生産の法則に限定したところのスターリンの法則論を誉めあげた以後の彼の理論的活動は、ほとんどまったく停止してしまっている。これは、停止しているのはまだいい方でね、しょっちゅう変るよりもいいけどもね。しかし、彼の堕落というものが、本当に主体的な立場をもっていないからなんだよ。ほとんどすべてのマルクス主義者、自称マルクス主義者というのは、スターリン論文にいかれちゃって、五二年に「価値法則というのは資本主義社会の法則ではない」というのに右ならえしちゃったわけだ。

なぜ右にならえしたかというならば、やはり根拠はあるわけだな。スターリンだけが言っているわけじゃないんだよ。晩年のエンゲルス、一八九二、三年のまさに老いぼれたエンゲルスだな、老エンゲルスだ、彼が『資本論』の第三巻の初っ端に余計な註釈〔「補遺」〕をつけたんだよ。価値法則というのは、資本主義社会以前のずうっと前から、ノアの洪水とはいわないけどね、ずうっと前から商品生産があったし、したがって価値法則はあった、と。価値法則はそういう、資本主義社会でなく、ずっと前の商品生産がおこなわれたときからの法則だよ、というわずか二行ばかりの文章があるんだ。そこでだな、スターリンがこう言うし、エンゲルスは言っている。そこで、エンゲルスを後光としながら彼らはすべて転向していったわけだよ。しかし、やっていくうちにどうもまずいというので喋れなくなった。

とにかく、そういうような主体性のない人たちというのは、一九五六年のハンガリア革命以後、実践的にはもちろんのこと理論的にもすでにみんなパンクしていくわけだ。パンクしていったのの補いというのが、われわれにたいするおちょっかいをやる。だから、われわれの運動にたいして公然と批判するということを誰ひとりとしておこなわないんだよ。そして裏からこちょこちょ、こちょこちょ弾圧する、法政の教授のバカヤロウとか都立の奴らとかな、北学大〔北海道学芸大〕とかな。スターリニストというのは、スターリニストの学校の先生というのは日本には非常に沢山いる。それがわれわれの運動の妨害をね、公然とやるんじゃなく隠然とやるわけだな。（笑）隠然とやるからどうしても暴力を使いたくなる人もいるけれども、しかし直接的暴力はやはりまずい。決定的な瞬間に暴力は使うべきだけどもな、しかし、万年暴力論だとブハーリンになっちゃうからな。（笑）その点は気をつける必要があるわけだ。こういうわれわれの主体的な立場というものをおしすすめてゆくことが必要なわけなんだけども、これにたいして、最も典型的なかたちであらわれているわれわれにたいする批判があるわけだ。

いま述べたことは、要するに、マルクス主義における主体性とは何か、いかにわれわれが主体的な立場をつらぬいていくべきか、そして主体的な立場をつらぬくとは一体どういうことなのか、ということを具体的に今まで言ってきたわけなんだけども、こういう主体的な立場の理論化、これが主体性論であるわけだ。そしてこの主体性論ということをとりあげるということは、第三番目に述べるであろうところの、マルクス主義における哲学とは何かという問題につながってくるわけなんだ。

Ⅲ　マルクス主義における「哲学」とは何か

このマルクス主義における哲学とは何かという問題はきわめて難しい問題であるから、この点はちょっと分からない人たちがいるかも知れないけども、しかし、こういう点は知っておく必要がある。知っておくじゃないや、これからやっぱり自分自身で考えてゆく必要がある。そういう意味で、分からなくてもいいから一応聞いていてほしいと思う。

われわれの主体的な立場を強調する、これを度はずれに強調したら田中吉六流の主体主義に転落して、なんら唯物論的な主体性論ではなくなるわけなんだけども、しかし、さしあたりまず、主体的な立場にたいしてわれわれにたいする非難が投げかけられている。公然とやったやつは、今年の六月に出されたところの、関西ブントの残党がだな、われわれにたいして「プチ・ブル主体性論者」というふうな批判を投げつけてきたわけだ。「主体性を云々するのはプチ・ブルである。革共同はプチ・ブルの集団である」。まあ、こういうふうに単純にいくところが彼らの頭の良さなんだけども。（笑）しかし、こういうのは何を意味しているかということを、ここでまず考えてみる必要がある。

われわれの主体性論ではなく、梅本さんの主体性論、十何年前かの主体性論にたいしても、これとまったく同様の批判が、「主体性論はプチ・ブル的なものだ」というような批判が、ほかならぬ頑固派スターリニストによって投げつけられたわけだ。ところが、今日のわれわれにたいして「プチ・ブル」というふうな批判を投げかけるのは、頑固派スターリニストに敵対しようとしているところの自称「新左翼」、関西ブントであるわけだな。このことを裏からいうと、関西ブント的な自称「新左翼」と頑固派スターリニストとは、哲学においてはまったく同一の基盤にたっているということを裏から物語っているということなんだ。彼らは独自の哲学的創造をなしえない。だから、梅本さんにたいする誹謗・批判をおこなった大阪市大の森信成、こういう奴らが書いたものをチューインガム的に拡大してわれわれに投げつけているわけなんだけども、この森信成というのはちょっと覚えておく必要があるけれども、もともとは頑固派スターリニストでとても手に負えないんだな。ところが、どういう加減か知らないけれども、いまや哲学的にはソフト化しちゃっているんだな。いわばひとつの転向だけども、無自覚的な転向をおこなっているわけだ。

まあ、とにかく、そういう「プチ・ブル的だ」というふうに批判する人は、頑固派スターリニストの理論を受け継いでわれわれに投げつけているにすぎないわけだ。しかし、主体性論を「プチ・ブルだ」というふうにやっている人たちの主体性とは一体何かというならば、一つあるわけだ。「アンチ・マル学同」という主体性なんだ。（笑）それ以外の主体性は何ものをももってないんだな。だから、彼らが主体性論を批判するということは、彼らの哲学的な立場（まだ「哲学」という言葉はあとで説明するとして）、哲学的立場というものが全然ない、自分自身の立場を理論化することをなんらおこなっていない、ということを意味するわけだ。いま「哲学」という言葉を使っているわけなんだけども、そして黒板にはチョンチョンがうってあるはずなんだけども、こういう「哲学」という言葉がそもそも彼らとわれわれとではまた違ってくるわけだな。で、その根本問題をここで一応言っておかなければならない。

哲学ならぬ哲学

不用意にわれわれは「マルクス主義哲学」というふうな言葉を使っているけれども、この哲学というのは実存哲学とかプラグマチズムの哲学というものと同一平面上にならべることは決してできない。その意味でわれわれはチョンチョンというものをつけるわけだな。しかし、やはりマルクス主義におけるこういう括弧づきの「哲学」というやつは、従来の哲学、従来の観念論哲学や機械論的な唯物論哲学と同様の根本問題、世界は何でできているか、世界の統一原理は一体何なのか、そういう根本問題を問題にするという意味において、つまりそういう問題を問題とする意味において、やはり哲学的問題にかかわっているわけだな。しかし、それが、マルクス主義における哲学、括弧づきの「哲学」は従来の哲学と同じような問題を扱っているんだけども、それへのかかわり方、その結果というものが全然質的に異なるという意味においた、括弧がつくわけだよ。このことは、具体的に言っていくならば、マルクス主義における「哲学」というのは、哲学ではない哲学だと僕は言うわけだな。どういうことかというと、従来の哲学を哲学とするならば、マルクス主義の「哲学」は哲学ではないんだよ。しかし、従来の哲学が問題としている問題を問題としているならば、やはりマルクス主義における「哲学」

は哲学というふうにいえる。その意味でだな、マルクス主義における「哲学」は、哲学ならぬ哲学というふうにいえると思う。

だが一体、それは具体的にはどうなのかということが問題になるな。ところで関西ブントの諸君がもちだしてくる『ドイツ・イデオロギー』の初っ端のなかにおいて、「従来の哲学というものは諸科学に解消する。天上から地上へ降りていくならば、すべての思弁の止むところ、すべて現実的な諸科学にとってかえられる」てな言葉があるんだよな。一八四五、六年の『ドイツ・イデオロギー』の最初から七、八頁目ぐらいのところだ、「歴史」というところの直前ね。それから一八八八年『フォイエルバッハ論』、これはエンゲルスとマルクスが若き日に書いたところの『ドイツ・イデオロギー』をネズミにかじられる批判にまかしておいちゃまずいんだと、それで彼がこれを引き出して、若いときに何やったかな、てなことを見ながら書いたといわれるところの『フォイエルバッハとドイツ古典哲学の終り』という本があるわけだな、通称『フォイエルバッハ論』、これの本の終りの方。あるいはまた『アンチ・デューリング論』という本のなかの部分でも、エンゲルスはこのように言っている。「従来の哲学のなかで残るものは形式論理学と弁証法である。あとは社会科学および自然科学のなかに解消される」、こういうふうに言っているわけだ。そしてレーニン以後のいわゆる弁証法的唯物論というのはこの伝統を受け継いでいるわけなんだが、しかし、こういうエンゲルス的にまとめられているこういうものから出発するのが今日の弁証法的唯物論といわれているソ連型の哲学であるわけなんだが、しかし、あったままのマルクスにおける哲学の理解は一体どうであったか、ということにわれわれはさかのぼって考える必要がある。

結果的にするならば、たしかに思惟の論理学、「形式論理学と弁証法」といわれているけれども、とにかく形式論理学の問題は後まわしにして、思惟Denken《デンケン》の、thinkingの問題、こいつが独自的に残るということを言っているわけだな、エンゲルスは。

なぜエンゲルスがこのように言ったかというと、ものを考えるという働きは対象的に分析できないんだよ。一般に科学というのは何なのかというならば、対象的に分析することが科学の課題だ。客観的に見られるもの、感性的に対象となるところのもの、これを対象的に分析することをめざすのが科学だ。いま「感性的」とか難しい言葉を使ったけど、これは一番最後に説明するけども、今さしあたり思っていてもらえばいいことは、五感によって探知できるものを感性的対象というんだよ。六感によってつかめるのは、あれは非感性的対象だよな。だけど、六感によって感性的対象をつかむ場合もあるよね。だけど、それは、六感の問題は後まわし。で、そういう五感によってつかみとられるところの、目で見たりさわったりいろいろ感じたりね、そういう感覚の働きによってつかめるものが対象的なもの、感性的なものというわけなんだけども、そういう感性的なものはつねにかならず現実的なもんだよ。目で見たりさわったり耳から聞いたりするというようなものは、そういう感覚に入ってくるものは現実的なもんだよ。と同時に、現実的なものということは、対象として直接的になる、対象となることができるところのものなんだな。

だから、感性的なものとか現実的なものとか対象的なものという場合には、同じことを別の角度から規定しているわけだ。どういうことかというと、感性的なものという場合には、人間主体の立場から見られているわけだな、五感に直接関係するという意味において。それから、人間対象的なものというのは、人間主体にとって対立する、そういう対立する（まあ日本語でも「対立」の「対」が対立する「象」だな）、そういう人間主体にとって対立するものを対象的なものというわけだな。現実的なものという場合には、ちょっと角度が違って、そういう主体とその対象というやつの全体が物質的なものによってつくられているということを直接的にしめす場合に、「現実的」という言葉を使う。だから大体同じなんだな。

ま、それは後で具体的に説明するとして、人間が考えるというそのことは対象的には分からないわけだよ。黙っていてごらんなさい、相手が何考えているか分からないんだよね、いつまでも。だからな、会議なんかでよく「喋れ、喋れ」と言うんだよね。黙っていちゃ分からない。そこで何でもいいから対象化、発言することによって、自分の頭で考えていたことを口を通して、表現を通して対象化させる。そうでないと分からない。もちろん、目は口ほどにものを言うという場合もあるけれど（笑）、しかしそれは特殊的な場合であって、原則的にはだな、分からない。だから思惟の科学というのは、自然科学とか社会科学とはちょっと隔たったところに位置づけたというふうにいうことができる。

そのようにだな、科学というのは対象的なものを対象的に分析するのを課題とするんだな。ところが、人間の場合には、完全に対象的には分析できないんだよ。人間の肉体というのは対象的な存在だから、その意味では対象だよね。そして人間が考えるということは、大脳という物質の一つの働きであるからして、そういう大脳を基礎としているという意味では、対象的な存在であるわけだな。しかし、その機能、大脳の働きというのは、直接的には分からない。そういう働きを分析しなければいけないわけなんだけども、いわゆる唯物論というのは、そういう問題をごまかしちゃうわけだ、反映論ということとしてな。頭のなかにあるものはすべて対象的現実から反映した、と。反映したけども、その反映したものの蓄積を媒介として、反映しなくても考えることができるわけだ。どういうことかというと、われわれがピラミッドなんて見たことないわけだよ、現実のピラミッドを。しかしだな、ああいう現実のピラミッドの写した絵を、ないしは写真を見ることによって、われわれは間接的に反映するわけだな。それだけではなく、そういうピラミッドを頭のなかにおきながら、ピラミッドを基礎としていろいろなことを考えることができるわけだな。

だから、いわゆる反映という場合にはだな、対象的なものをつかまえることを反映というんだよ。反映されたものを基礎としてもう一度反映すること、これは考えることだな。目をつぶってると反映しないんだよ、直接にはね、たとえばだよ、目をつぶってると反映しないんだよ。しかし、反映しなくても反映されたものをもう一度反映する、これは思考の働きなんだよ。いいかね。対象的、感性的なものを反映する、これがいわゆる認識というんだな、これが一つ。反映されたものを基礎としてもういっちょ反映する、これが思考の働きであり、反省といってもいいんだな、reflection。ふつう言葉を使う「自己反省」と、こういうやつな。あれは自分自身を対象として見ることだよ、自己反省とはな。自己反省というやつは、対象を見るんでなく、自分自身を対象として見ることを自己反省というんだよ。人間は一切のものを対象的になしうるわけだ。自分自身をも対象にする。しかも、自分自身の肉体を対象とするんでなく、自分自身の頭のなかまでをも対象にすることができる。そういう独自な働きをもっているわけだ。

ところで、今日におけるソ連型の認識論、というよりはレーニン以後の反映論というやつはだな、反映されたものの反映つまり反省、だから反映の二乗だ、記号化すればな、面倒くせえから（笑）反映の二乗、この反映の二乗というやつを全然やらない。もっぱらこれはパヴロフの理論に還元していく。まさに人間的な問題を追求すべきそのときに、人間をワンちゃん的段階に引き戻していくわけだ。犬の条件反射の問題にずり落としてゆく。そしてそういうのは、なんだっけな、「第二信号系における静止痕跡」の問題としてずらかしてゆくんだな。ま、第一信号系というのは要するにね、どんな動物でも分かるように、直接的反映の産物だよ。反映することをつかさどる。熱いとかな、いけねえとかな――「いけねえ」までだと価値判断入って、いけねえ――、ただ対象に……［聞きとれず］する、そういうのをつかさどるのが第一……［テープが途切れている］

……人間の頭脳活動の問題をみんなネグっちゃうわけだな。これがおかしいというのは、たとえばだな、人間はたしかに客観的なものを反映する、しかしどうやって反映するのか、反映する構造いかん、というかたちで提起されてきているわけなんだけども、しかし、そういうのが問題提起としてだされているだけにすぎない。これはもう日本ではずうっと前からやられているけども、ドイツでは一九五七年にバッセンゲというおじさんがな、「たんに対象の構造ばかり言うんでなく、いかに反映するかの反映の構造もやれ」というふうに言ったわけだな。そうすると日本の非主体的な、つまり外国の文献を読むことを職業としているのを哲学者というんだよ、つまり自分で考えないでな、外国の文献を読むことを職業としている日本的哲学者は、それはなかなかいい問題提起だというふうにがなりはじめるわけだな。がなるだけでちっともやらない。さっぱり分からないんだ。なぜかというとだな、自分自身のパーなところを分析すればいいんだよ（笑）、哲学者としてな。ところがその分析をやらないわけだ。自分がパーであるということを分析することが同時に認識論、論理学を理論化することになるんだよな。他人の頭の動きをな、分析できないんだよ。まさに自分自身がどう考えどうやるかと、その構造をだな一般的な法則として提起するのが論理学であるわけだ。ここが難しいんだよ。哲学がなかなか育たないというのは、こういうわけだな。

こういう、直接的には対象にできない、しかもだな、すべて対象にならないんだよ。黙っていたら分からないというのを、これを「非対象的なもの」と言うんだよ。埴谷雄高はこれを「のっぺらぼう」と言うんだそうだけどね。いかにも文学的だけれども、要するに人間というのは対象的であると同時に非対象的なんだよな。よく会議をやって、「何ちゅうかなあ」とこうやるだろ。あれは半分わかってて半分わかんねえ、対象化できねえわけだよ、な。対象的な部分とな、まだ対象化されない非対象的な部分とが混沌としてしまう。そこで、頭をかかえて黙りこくる。そこでいろいろ、こう、まわりから突っつくわけだ、こうじゃねえのか、ああじゃねえのか、と。そうすると非対象的な部分が少しずつ対象化されてくんだよ。そうすると喋りだす。だから、われわれの会議というのはな、ぐじゅぐじゅ、ぐじゅぐじゅやるというのは、そういう哲学的根拠をもっているわけだな。（爆笑）だからな、かつてのブントのようにだな、上から指導者がね、一喝、こうこうこうしろというわけで、枠組みをつけて空気入れるというやつでなくね、やはりわれわれの組織というのはお互いの討論をつうじて思想変革と人間変革をやっていかなきゃならないわけだよ。

だから、注入論とは（レーニンの注入論と関係ないけども）、理論を、革命的な理論を注入することはもちろん問題なんだけど、それ自体が問題じゃない。そういう革命的な理論を注入すると同時に、注入のされ方、それを問題にしなきゃいけないんだな。つまり、どの程度まで分かり、何が分かんなかったか、その点を会議なんかでじっくり討論する。研究会でいろんな一定の本を読んでも、いろいろな人の受けとり方はみんな違うはずだ。だから、俺はこう受けとったけども、お前はこう受けとる、これは一体何なのかなあというかたちでお互いに討論していくと、俺のはおかしいとかな、俺のが正しかったとか、ということが討論をつうじて分かっていくわけだな。そういうふうな、相互討論というのはだてにやっているわけではないというわけだな。本当にだな、それぞれの人の思っていることというやつを正しく伸ばしていく。あるいは、まだ分からない、自分にとって対象とはなっていない、つまり非対象的なもの、そういうものを自分にとって対象的なものにしていく。そういう活動がな、討議ということなんだよな。だから、政治討議という場合でも、ただたんに今日の資本の動向がどうであり代々木がどうなって民同はどうなった、てなわけで、もちろん必要だけども、それは政治討議の前提にすぎないわけだよ。だから「政治討議」という言葉は僕はまずいと思うんであって、明らかなそういう政治問題を一つのネタとした思想闘争である、というふうにとらえる必要があるわけだな。

で、まさにそういう、人間は対象的な存在（つねれば痛い、殴られれば痛い、そういうのは対象的な存在だからだよな）、対象的な存在であると同時に、ものを考える存在である、と。そういうものを分析するのがだな、――分析だってこれは括弧づきで、対象的に分析できないんだよ、対象的に分析するというのは、他人を分析することだな――、そういう、対象的にして非対象的な人間存在をつかみとること、人間とはどういうものなのかということを把握すること、これが「人間の論理学」である。そして、これがマルクス主義における哲学といううるところのものであるわけだ。ま、哲学というふうに言っちゃうとピーッとくる人もいるだろう。哲学というのは全部なくなっちゃったんだというふうなエンゲルスの言葉を念頭におくとね。だから、「人間の論理学」というふうにとらえなきゃならないというふうに梅本さんが言ったんで、このことは僕はいい言葉だと思うから今日も使っているわけだ。

こういう対象的にして非対象的な存在を対象的につかむのが社会心理学というんだよ、いいかね。人間というのは病理学の対象、病気になると対象的に料理されるわけだ、どこが悪い、あれが悪い、と。それから、神経が悪くなってもそれは対象的に分析できる、電気をピッとやるとかな。そういうふうにやって治すことができる。そこでだな、宮城音弥というこのバカヤロウがな、「実存主義者はオレが治してやる、オレのうちへこい、電気イスにかけてやる」、こうだよね。だがしかし、電気イスで治るのはな、精神病患者なんだよ。実存主義は電気イスじゃ治らないわけだな。こういう、このねえ、イロハ的な問題をああいう宮城音弥のようなプラグマチストは分からんのだよ。ところがだな、心理学というやつは、そういう人間をだな、対象的に分析するわけだよ。あの欲望はどうだとか、意志はどうだとか、意志は強いとか何とかというのはね、対象的に人間を料理するわけだな。だから「思想の科学」といううんだよ。或る一定の思想をもっているのを料理する。『思想の科学』という雑誌があるけども、あれは思想を料理すること、こういうふうに僕たちは読むんだな。本当の科学じゃないわけだ。

ところがだな、そういう人間とか思想の問題は科学する対象でなく、ほかならぬ哲学する対象なんだよ。哲学するというのはどういうことかというと、自分自身を眺める、とらえるということだ。自分自身をとらえる。自分をとらえるのは自分以外にいないんだよ。自分をとらえるのに他人まかせにすると、客観主義になっちゃうわけだ。だからさあ、〝オレに空気入れてくれ〟てなことになっちゃう。（笑）それじゃあマル学同同盟員ではないわけだよ。自分自身をつかみとるという、そういう主体的な立場にたたなければいけない。

こういう、自分自身の、まあ普通いうところの自己反省というやつな、あれをもっと一般的に抽象的に理論化することが、要するにマルクス主義における「哲学」であるわけだ。こういう領域というふうにとらえるならば、われわれのいう哲学は、括弧づきの「哲学」は、科学的な認識と切断されていないということははっきり分かると思う。対象的な科学的認識と密接に結びついているわけだな。そういう対象的認識から切断されて人間の内なる問題を問題とするのが実存哲学であるわけだな。そういう対象的な世界の問題から切断されてしまうから、人間の本質は底なしの無だ、無底の底と、底なしの底というようなところに沈没してゆくわけだ。

変革の哲学＝実践論

しかし、われわれは、そういうふうにあらかじめ対象的な世界からわれわれを切断するんでなく、われわれのおいてある場所としてのこの現実に足をふんまえなきゃならない。これが第一の前提だな。こういうふうにとらえるのが、人間の物質的把握であるわけだ。われわれが現実においてある場所、そこからわれわれ自身をとらえかえさなきゃいけない。しかもわれわれは、つねれば痛いという、つねられれば痛いという物質的な存在である。そして、二本足と手をもっている。つまり動くわけだな。だからプリミティブなかたちにいけば、そういう手を動かし足を動かしというのが最もプリミティブな実践、つまり労働であるわけだよ。これは活動といってもいいけどな。まあ、その点は活動だな、物をつくりださないから。ところが、そういう手足を動かしてやることが実践で、物をつくりだすことが労働であるわけだ。動かすだけだったら活動だけどもね、物をつくりだすのを労働というわけだ。このような労働とか何とかいうのをもっと抽象的に言った場合に、実践だよ。そういう意味において、人間の頭のなかの問題を追求する場合でさえも、人間は実践する人間、しかも肉体をもった人間としてとらえるわけだな。人間を観念的な存在としてではなく、そしてまた石頭としてとらえるのではなく、手を動かし足を動かし物をつくるところの人間としてとらえるわけだよ。

なぜ石頭かと言ったかというと、スターリニストはたいてい石頭なんだよ。われわれはそうじゃないんだよ。スターリニストはたしかに自分を「唯物論者」と言うけどもね、オレの頭は石頭だということを言ってんだよ。しかし、われわれは唯物主義者《ゆいぶつ》じゃない、唯物論者なんだな。唯物論者だってのはどういうことかというと、世界を変革するんだ、と。こういうのが先になければね、絶対に正しい唯物論的な立場というものはでてこない。こういうことをはっきりマルクスがうちだしたのが、ほかならぬ一八四五、六年のあの『フォイエルバッハにかんするテーゼ』のナンバー・ワン〔第一〕とナンバー・イレブン〔第十一〕というやつであったわけだな。初期マルクスの哲学というものが確立されたのは、この『フォイエルバッハのテーゼ』においてである。

ところが、この内容というのはまたいずれ説明するとして、この『フォイエルバッハ・テーゼ』においてうちだされたマルクスの哲学というのは、簡単にいうならば、世界を変革するための実践の理論ということなんだよ。それを簡単にマルクスは第十一テーゼで、「哲学者は世界をいろいろに解釈した、しかしおいらの問題は世界をぶっこわすことであり、つくりかえることだ」、こういうふうに言ったな。そういうのを簡単にいうと、マルクスの哲学というのは実践の理論である、変革の哲学である、というふうにわれわれはとらえることができるわけだ。

変革するということはどういうことかというならば、対自然との関係においては自然を変革するわけであり、対社会との関係においては社会をぶちこわすということであり、対人間との関係においては人間をぶちこわす、つまり人間を改造し変革してゆく、いわゆる人間変革、というふうになるわけだな。技術的な変革、社会の革命による変革、人間の自己変革、これらをすべて実践という概念のもとにとらえかえすんだよな。実践というのは、そういう重みをもった概念であって、ただたんにてくてく歩くというんではない。てくてく歩くのは、よくも言ったけども、活動家と言うんだよ。（笑）革命家というのは、そういうふうにただ手足を動かす活動家であってはならないわけだな。

このようなマルクス主義における哲学、これを一言にいえば、「変革の哲学」というふうに言っていいと思うけども、この変革の哲学が、ほかならぬマルクスの唯一の同志であったところのエンゲルスにおいてはあまり十分にとらえられていたとはいえないということが、残念なる事実であるわけだ。マルクスが、そのフォイエルバッハ論で展開した実践論の肉づけは、すでにその前年の一八四四年に書かれたところの『経済学＝哲学草稿』、こいつを裏づけとしてだされているわけなんだけれども、これと同様の理論というのは、エンゲルスにおいてはわずかに『自然弁証法』という彼の本、この本の中に入っているところの「猿の人間への進化における労働の役割」というぐらいしかエンゲルスはない。この「猿の人間への進化」という論文においては、一応、人間がどうやって労働する人間になってきたのかというそのプロセスがかなり整理されて書かれているから、人間にとって労働はどういう意味をもつかというのを調べるためには、そんなものを読んだらいいと思う。

レーニンは、この理論と実践との関係を「革命的理論なくして革命的実践はありえない」というふうに言ったな。それからスターリンは、なんだかカントを真似して「実践なき理論は空虚であり、理論なき実践は盲目である」と。これはカントを真似してすかしたんだよ。しかし、スターリン、カントを読んだことあるか僕知らないけどな。そういうのがあるけども、エンゲルスには、そういう名言がないんだよな、残念ながら。一つあんだよ、「プッディングの味は食うことによってはじめて分かる」。（笑）そういうことしかねえんだ。だからして、エンゲルスの唯物論は台所唯物論とな（笑）一緒にされる可能性がある。しかしとにかく、マルクスとエンゲルスとのあいだにおける哲学というものが、とらえ方が違っていたということは、おおいがたい事実であり、そしてこれは、二十一歳か二歳の時のマルクス、世界を変革しそしてその「哲学の実現」というものをうちだしたあの若きマルクスの立場から、首尾一貫してとらえられているわけだな。

哲学の実現ということはどういうことかというと、従来の哲学は雲の上にあった、観念論だからな、雲の上にあった哲学、天上の哲学というものを現実世界にぶっこむ、realisieren《レアリズィーレン》する。realisieren という言葉は、「実現」とも訳すし「現実化」とも訳すけれども、「現実化」だとなんか或るものを或るものへ具体的にするように見えちゃうから、Realisierung《レアリズィールング》 というこの感じを生かして「実現」と訳すんだよ。そういう天上の世界から地上の世界へとボインといく、というふうにマルクスはとらえるわけだな。しかし、そういう地上の世界に実現されることによって、哲学は同時に変革される。ただたんに地上へ降りただけでなく、降りることによって降りた哲学もまた変革される。こういうのは弁証法的関係だな。一方的に飛び降りたら駄目だ。飛び降りたら主体も、屋根から飛び降りりゃ人間は足くじく、という関係だよな。だから、両方おかしくなるわけだよ。そういう関係において、マルクスは哲学をつかみとっていたわけだな。

そういうふうにつかみとっていたのが、二、三年後には、有名な「哲学の実現なくしてプロレタリアートの止揚はありえないし、プロレタリアートの止揚なくして哲学の実現はありえない」、あの『ヘーゲル法哲学批判序説』の一番おしりに出てくるところの、哲学とプロレタリアートの相互媒介的止揚（Aufheben《アウフヘーベン》）の論理、相互媒介的なアウフヘーベンの論理、つまり哲学がプロレタリアートの武器になることによってだな、もうこれは旧来の哲学ではなくなって別のものに変るわけだな。哲学がプロレタリアートの精神的武器になるということは従来の哲学ではなく別の新しい哲学がつくられるということを、まず言うな。他方、哲学によって武装されたプロレタリアートというのは、an《アン》 sich《ジッヒ》 なプロレタリアートでなくして、自分自身をアウフヘーベンしていくプロレタリアート、つまり革命的な人間、革命的プロレタリアへ転換していく。そういう、プロレタリアが哲学を武器とすることによって、哲学はマルクス主義理論として実現され、他方、マルクス主義理論によって武装されたプロレタリアは革命的なプロレタリアとして革命の担い手になる、そういうふうにマルクスはとらえたわけだよな。

そういう、プロレタリアートと哲学との相互的な弁証法的関係の結果として、結果としてつくられたのが、さっき言ったところの「変革の哲学」であるわけだ。この変革の哲学の内的構造はとにかく後でやるとして、こういうマルクス主義における哲学というのは、そういう実践論を基礎としてはじめて確立される。マルクスにおける実践論、労働論は『資本論』においてはじめて確立されたんで、一八四五年から六年にかけて確立されたというのはおかしい、なんていうような人がいる。たしかにそうだ。労働過程論が労働過程論として展開されたのは『資本論』第一巻第三篇第五章であるわけだけども、しかしマルクスの哲学が、マルクスの思想が、根本的に実践論を軸としてなりたち、そうすることによって一切合財の問題が転換する結節点となったのは、ほかならぬその『フォイエルバッハ・テーゼ』であった、こういうふうにとらえるのは依然として正しいわけだよ。

ここにおいてアンジッヒに確立されたものがだな、さまざまの分野へ、経済学の分野へ、政治の分野に実現されることによって、それは革命実践論として、つまり革命をどうやってやるかというさまざまな理論、パリ・コミューンの理論として、あるいは『ゴータ綱領批判』にみられるような将来社会の論理として実現され、そして経済学の分野においては『資本論』として実現されていくのである。そういう関係においてつかまなければ、一番後ろに出てきた完成したものを基準にして未成熟なものを割りきって「ここではまだ確立していない」、そんなこと言ったってそれは解釈にすぎないわけだ。われわれの問題はだな、そういう解釈が、マルクスの理論にとっても解釈が問題なんではなくして、どのようにしてマルクスが自分自身の過去を脱ぎ捨ててきたか、何を軸としながらそれを脱ぎ捨ててきたか、そういうふうに分析しなきゃいけないわけだよ。そういう意味においてだな、実践論の確立というのは、やはり一八四五、六年においていいと思うんだな。

そして、こういうのを軸として、残念ながらマルクスは頭のなかの問題へつきすすんでいくことまではいかなかったわけだ。いいかえるならば、マルクスは天上の世界から地上の世界へ降りたち、そしてさらに地上の世界を本質論的なかたちでぐいぐい掘りさげていったわけなんだけども、そしてマルクスの生涯はそれにかけられ、その成果が『資本論』として結実したわけなんだが、しかし、そういう『資本論』をつくりだすマルクス自身の頭脳にまでもう一度メスを切りかえす仕事、『資本論』をうみだしたマルクスがマルクス自身のそういう頭脳活動をも切りかえして分析するということまでを、マルクス自身はやらなかったわけだよ。

もちろん、マルクスは、そうやりたいということはしょっちゅうやっていたし、その一つの一環として、ニュートンの微分のやり方とは別の独自なマルクスの微分の論理があるわけだけども、そういうようなことをやりながら彼は、論理学をもやらなければならないということを意識していたわけだ。しかし、それを意識していたにはいたけれども、ついに彼はそういうところまでやらなかった。こういう問題をやりかけたのがエンゲルスであったわけだ。だが、エンゲルスはマルクスではなかったわけだな。それは当り前のことだよ。(笑)しかし、やはりな、エンゲルスはやっぱりマルクス的にやればよかったと思うんだけども、しかしそういうかたちにならないで、さっき一番はじめに言ったように、「従来の哲学はすべて実証科学に解消する。残るものは形式論理学と弁証法だ」という立場をついに脱けいでられなかったわけだ。こういうようなエンゲルスの規定を結果解釈論という。

ところがだな、マルクスの場合、もう一度言っておくならば、マルクスは流動的にとらえているだろう。哲学の実現、実現による哲学そのものの変革、プロレタリアートと哲学の相互弁証法による自己止揚、そういうかたちでマルクスはとらえ、その結果として実践論をうみだしたわけだ。ところがエンゲルスは、その結果を解釈して、まあ、解釈するというよりにおいを嗅いで、そして「実証科学にすべての哲学は解消する」。たしかに、自然哲学で扱われてきた問題は自然科学がますますこれを解明していく、それから、従来歴史哲学とか法哲学とかでやられてきたところの問題は具体的な社会科学、法律学、政治学、そして経済学というような諸科学によって解明されていく、そういう状態であるから、それはそれでいいんだな。そして、一方においては自然科学の発展を眺め、他方においては従来の自然哲学や歴史哲学を眺め、そして自然科学や社会科学などによって侵略される領域をずうっと従来の哲学のなかへ見てゆく。傍目八目的にやったんだよ、エンゲルス。そうしたら残っちゃったわけだ。「形式論理学と弁証法」という思惟の、Denkenの法則の解明が残った。そこでエンゲルス、思惟の論理学が「従来の哲学から残るものだ」と。そこまで言っとけばまだよかったんだけども、その後で「形式論理学と弁証法」というふうに言った。

なぜ言ったかというと、エンゲルスは、「弁証法」という概念のもとにあらわそうとしたのは、客観的世界の運動法則をいい、客観的世界の運動法則の最も一般的なものを「弁証法」という言葉であらわし、頭のなかの思考の論理を「形式論理学」であらわそうとしたわけだな。そしてこのことは、かなり難しくなるけれども、ヘーゲルの直接的な批判、本当の批判をできなかったことの証拠であるわけだ。たとえばエンゲルスにこういう言葉があるわけだな、『自然弁証法』の下巻の初っ端の第一頁だよ、*翻訳のな。「いわゆる主観的弁証法は、ヘーゲルの弁証法は、概念の弁証法は、いわゆる客観的弁証法、ヘーゲルの存在の弁証法の反映である」というふうにやるんだな。これはどういうことかというと、その根底にあるエンゲルスの立場というのは、客観的世界の運動法則とそれを反映する思考の法則があるわけだけども、思考の法則てえやつは客観的世界の運動法則の反映だ、というふうにやっちまうわけだよ、単純的にね。

＊『マルクス＝エンゲルス選集』第十五巻 下（大月書店、一九五〇年）。『自然の弁証法』下巻（岩波文庫）では五六頁。

今日のおスタちゃんはそれを極大化して、頭のなかの弁証法というのは、客観的世界にみんなぶるさがって転がってんだそうだよ。そういうふうに考えてきたわけだ。たしかにね、量から質への転化、否定の否定、本質と現象、そういうのは客観的世界の運動法則だ。しかし、そういう法則をつかみとるための頭の構造は一体どうなのか、概念し判断し推論する、それは一体どうなのかということをだな、ぬかしてきたわけだよ。そういうぬかしてきたことに気がついたのが、一九四七、八年頃なんだよ、ソ連においてね。これは大変というわけだよね、学校教育で頭を動かす論理を勉強させなきゃいけない。ところで、スターリンの一九三八年のパンフ『弁証法的唯物論と史的唯物論』を開くと、判断、概念、推論なんて何も書いていないわけだ。そこで慌てて、形式論理学を学校の教科書と初等教育のために必要だというわけで、中学校で形式論理学を教える。批判的に教えるんじゃないから、頭がコチコチになる。AはA、BはB、そういうことばかりやっている。そういうことも今日のソ連の堕落と理論的関係があるだろうけれど、それはあとの現実分析にまつとして、とにかく、エンゲルスが言ったということはだな、要するに、本当に好意的に解釈するならば、いわゆる客観的な弁証法と概念、判断、推論の問題をもやらなきゃならないよ、そして概念、判断、推論をやっているのがいわゆる形式論理学なんだよ、ということをエンゲルスが言いたかったと思うんだな。

ところが、そういうふうにならないで、伝統的な形式論理学をいわゆる弁証法に接ぎ木するという恰好になったわけだ。火のないところに煙はたたず、というわけでね。やはりエンゲルスのそういう『アンチ・デューリング論』の中に書かれている欠陥というものを、本当にね、正しく発展させていくことが必要であるにもかかわらず、エンゲルスのところで足踏みし、足踏みすることによって横へそれているのが、今日の「マルクス主義哲学」と自称しているところの非マルクス的哲学であるわけだ。

だから、これをまとめて言うならば、マルクスの哲学というやつは、最初に言ったように「哲学ならぬ哲学」である。従来の哲学を基準とするならば哲学ではない。簡単にいって、従来の哲学は対象的認識、自然科学的認識というようなものから切断されているにもかかわらず、マルクスの哲学においては、そういう対象的認識の問題にふんまえる。対象的認識にふんまえるだけでなく、そういう認識する人間それ自体が物質的存在であるだけでなく、また、足を動かし手を動かし物をつくりだす、実践する、労働する人間だ、というふうにとらえたわけだよ。こういう把握にのっかってつくりだされたのが、マルクスの思想の核心をなしている哲学であるわけなんだが、しかし、そういうのが整理され教科書化されることによって、エンゲルス唯物論がつくりだされ、それの直接的受け継ぎ手がレーニンであり、そしてそれのさらに単純化したのがスターリンであり、そしてまた、スターリンを学ぶんではなく、ここで再びレーニンに帰って、何とか自分の仕事をやったのが毛沢東であったわけだ。こういうエンゲルス―レーニン―スターリン―毛沢東、この一連の系列をなして呼ばれているところのものは、いわゆる弁証法的唯物論というところのものだな。

ソ連製弁証法的唯物論の特徴

この弁証法的唯物論といわれているソ連製のものにおいて特徴的なことは、マルクスのいま喋ったような決定的な問題についてはほとんどふれられていない。もっぱらエンゲルスの『アンチ・デューリング論』や『フォイエルバッハ論』あるいは『自然弁証法』を基礎とし、とくにレーニンの『唯物論と経験批判論』にのっかって展開されているわけだな。エンゲルスから出発し、エンゲルス―レーニン―スターリンというふうに展開してゆくわけだけども、しかしその場合、エンゲルス、レーニン、スターリンのあいだには、いろいろの食い違いというか必然的な偏向というかな、違いというのがさまざまのかたちであらわれている。

この点について詳しく言うことはできないけども、簡単にいうならば、たとえばエンゲルスやレーニン。レーニンの場合、典型的なのは『資本論』〔青木書店、一九五四年〕の第一巻の初っ端にのっかっているところの「カール・マルクス」という短いのがあるんだ。で、この「カール・マルクス」というのは、一応整理されているから、マルクス主義というのは一体何なのかということを調べる場合にだな、読んだらいいと思うな。戦略・戦術から、国家論から、弁証法から、剰余価値から何からみんな書いてあるからな、簡単に。しかもご丁寧にマルクスの引用をちゃあんとしてね。このエンゲルスとレーニンというのは、ほぼ大体同じだ。レーニンの場合は『唯物論と経験批判論』および『哲学ノート』を読まなきゃ駄目なんだけども、『唯物論と経験批判論』の場合には、唯物論と観念論の問題、「物質は消滅した」というような十九世紀の終りから二十世紀初頭にかけての物理学者にたいする批判として書かれているという性質からして、とくに『唯物論と経験批判論』は唯物論の問題についてやってある。

だがしかし、この唯物論たるや唯物論ではなくリアリズムの傾向をかなり強くもっている。リアリズムというのは、哲学的な用語としては実在論ということだよ。芸術論ではリアリズム芸術のリアリズムだけれどもな。唯物論、マテリアリズムとリアリズムとどこが違うかというとね、リアリズムという場合には、現実存在しているそのものを原理とする立場だよ。物質をリアルな存在、最もリアルな存在としていうのが自然的存在論だよな。神様を最もリアルな存在とするのは神的実在論だよな。だから、実在論の次元においては、唯物論と観念論、両方含まれるわけだ。そして、レーニンがなぜ実在論的かというと、世界の原理としての物質というふうには言わないでね、物質とは感覚によって模写され撮影され反映され何とかされ、なんかたくさんくっついているよ、そういう模写され反映され何とかと、感覚的存在に物質をもってっちゃったんだよ。

しかし、物質というのはたんに感覚的な存在だけをいうわけではない。根源的にだな、全世界のすべての問題、われわれが未だ感覚していないそういう無尽蔵な全宇宙が物質からなりたっているということを表現するわけであってね。唯物論というのは、そういう実在論、主体と客体との関係において成立する実在論だけでなく、主体と客体とがうみだされる根底にまでさかのぼる。主体と客体の根底にあるのが物質であるというのが唯物論であり、その根底に神様が、理念があるというふうにとらえるのが観念論であるわけだが、そういう主体と客体をうみだした世界の統一原理、これを物質とするのが唯物論であるわけだ。

だがしかし、ただたんに唯物論というだけにとどまらないでだ、そういう世界の運動することと、世界がたんに機械的にだけでなく、さまざまな飛躍をつみかさねながら連続の非連続の発展をしてくる、断絶を含みながら飛躍的に発展してくる、そういうふうな発展において全世界をつかむというのが弁証法的唯物論というふうにわれわれはいうわけだな。

ところで、この弁証法的唯物論と、自称「弁証法的唯物論」の違いはどこにあるかというならば、自称「弁証法的唯物論」つまりソ連型のやつだな、それに欠けているところのものは、実践論がぬけてるっていうことなんだよ。だから、さまざまのかたちで、あとで具体的な経済学とか革命論なんかにもそのことは影響していくわけなんだけども、そういうかたちであらわれてくる根本は、実践論が欠如している、つまりマルクスの哲学、この哲学ならぬ哲学が欠如している点が本質的な違いであるわけだ。しかしとにかく、エンゲルス、レーニンも唯物論の立場にたって弁証法を展開し、そして史的唯物論の一般的法則を明らかにしていった。

ところがスターリンはだな、これとまったく逆に、弁証法から出発して、弁証法の立場から唯物論を説明する。スターリンの『弁と史』という本を見れば分かるように、まず弁証法の説明からはじまる。唯物論ぬきの弁証法的見方の論理が展開されるわけだな。唯物弁証法でなく、弁証法的な見方、いわば目をギョロギョロさせるやつだな、そういうのから出発しているのがスターリンの弁証法であるわけだな。これにたいして毛沢東というのは、スターリンのケツの臭いを嗅ぐのが嫌いだったらしい。だからレーニンの『哲学ノート』というやつに則して彼の理論を展開する。そしてこのレーニンの『哲学ノート』の毛沢東的読書ノート（『ノート』のノートだ）、これが『実践論』であり『矛盾論』であるわけだ。それは具体的にはいずれまたにして、とにかく今日の弁証法的唯物論の体系といわれているソ連型のやつは、弁証法の説明から唯物論へ、そして唯物論から史的唯物論へ、というふうに展開されている。しかし、スターリン批判以後の現段階においては、スターリン以前のミーチン型唯物論を導入して、やはり唯物論からはじまり、弁証法へ、そして史的唯物論というかたちに変りはじめている。

ところでだ、そのスターリン批判以後におけるソ連哲学の変貌ということを言う前に説明しておかなければならないことは、ソ連における哲学的な活動の問題について若干言っておく。簡単にいうならば、レーニンが生きていた段階においては、とにかくレーニンがいろいろのことをやって、観念論的な立場、あるいは唯物論と経験論とを折衷にしたところの経験批判論、そういうものにたいする闘争をレーニンが一手にひきうけてやっていたわけだな。そしてレーニンが生きているあいだは、そういう機械論的な傾向あるいはブハーリンの均衡論にたいしては徹底的な闘争をやったんだけども、しかし一九二二年あたりからレーニンの頭脳活動が止まる。死んだわけじゃないよ、頭脳活動が止まったんだよ。頭脳活動が止まる、あまりうまくいかなくなる。と同時にだな、哲学戦線の分野においてはさまざまのかたちの偏向がよみがえってくるわけだ。そして一九二三年から五年にかけて、ブハーリンの均衡論ならびに、なんだっけな、なんとかスキー〔ヴォズネセンスキー〕という奴（忘れちゃった、ど忘れだ）、そういう機械論がな、発生してくる。そういう機械論的な傾向にたいして、そりゃあ弁証法を忘れてしまっているよ、というかたちで、そういう機械論者あるいはブハーリンを批判したのがデボーリンという人なんだよな。

このデボーリンの欠陥はどこにあったかというと、要するにヘーゲルの丸写しであった。武市健人だな、神戸〔神戸大〕の、あれと大体同じだ。弁証法としてはヘーゲルとマルクスとはまったく同じである、ただ原理が違うだけだ、唯物弁証法の原理は物質であるのにたいしてヘーゲルは理念である、そこが違うけどもあとは体系的にも方法的にもまったく同じである、こういうふうにやったのがデボーリンであり、そしてデボーリンの哲学体系はヘーゲルと同様に原理を論理学におく。そして論理学の自然の領域への適用形態が自然弁証法であり、社会への適用形態が史的唯物論である、そしてこの論理学、自然弁証法および史的唯物論の三つが弁証法的唯物論の体系をなす、というかたちにとらえたわけだ。

これにたいしてソ連においては、一九三一年の一月二十五日にボカチーンとやっちゃったんだな。弱冠三十歳のマリク・ボリサノヴィチ・ミーチン、その奴がね、デボーリンの、禿げ頭じゃないなまだ、ボカッと殴る。そうすることによってだな、――ミーチンというのはスターリンの手先だよ、そしてスターリンが大体トロツキー派に最後的な追討ちをかける、そして最後の哲学戦線における仕上げをやるために手先としたのがM・B・ミーチンなんだけども——そのときにはデボーリンの哲学の体系的批判をなんらおこなうことなく、政治主義的に彼を失脚させたわけだ。当時の言葉でいうとな、それは、強引に「メンシェヴィキ化しつつある観念論」と。これは意味分かんないんだよな、デボーリン派を「メンシェヴィジーレンデ・イデアリスムス」と、こういうふうにやったんだよ。これ、「少数派になりつつある観念論」って、意味分かんないんだけどね。これはおそらくデボーリン派が多数派だったから、レーニンばりに少数派だって言ったのかと思うんだけどな。しかし、レーニンの場合には、メンシェヴィーキ、ボルシェヴィーキであって、「メンシェヴィーキ化しつつある」なんてレッテルは貼らなかったんだけども、スターリン、ちょっと何かこう思ってたから、「メンシェヴィーキ化しつつある」というふうにやったんだと思うけども、しかし、きわめて政治的にのりきってしまった。

その後にでてきたのがミーチン型唯物論である。これは、要するに、エンゲルス、レーニンの祖述をなすのがミーチン型の唯物論だな。それを、どういう関係か知らないけども、大体それは一九三五年頃できたにもかかわらず、翌々年の三八年にはスターリンの『弁と史』というパンフができてくることによって、いわゆる寺沢恒信が崇めまつるところのだ、あのスターリンのパンフが出てきたわけだよ。

ところが、スターリンがむさいということになると、今度はミーチン的段階の唯物論へ先祖返りする。御苦労様にもミーチンは日本にもちょこちょこ、ちょこちょこやってくる。一回目に来た時は、一一・二七デモ［一九五九年］の真っ最中。全学連のデモに押し返された。それから二回目に来たのは、ついこのあいだ、「米・ソ核実験反対！」というまた全学連のデモに押し返された。で、ちゃんとね、任務は果たしていくんだよ、彼は。日本の俗流スターリニスト哲学者諸君を集めて、かならず一席入れていくんだよ。「デボーリンを批判した。デボーリンはトロツキストではありませんでしたけども、そのなかにはトロツキストがたくさんいました」。こういうようなことを喋くってだな、トロツキスト退治の哲学的な伏線をね、たえず彼は敷いて帰っていくわけだな。そんなことをやるから、偶然の時期の一致だけども、全学連のデモによってたいてい押し返される。それが悲劇の哲学者M・B・ミーチン。（笑）

で、このM・B・ミーチンというのは、そういう下らないことをやっているわけなんだけども、デボーリンの体系の批判において最も正しい立場をとっているのが、ただ一人いるんだよ。それは一九三五年に『科学論』［三笠書房］という本を書いたわが戸坂潤である。これは明確にデボーリンの――わが日本において戸坂潤は「デボーリン主義者」といわれているけども、決してそうではない――、デボーリンのヘーゲル主義的な欠陥を批判して、唯物弁証法から自然弁証法を説明し、さらに史的唯物論を説明するという恰好ではなく、唯物論の立場に立脚しながら自然弁証法、史的唯物論そして論理学の体系的関連を説明している唯一の人であるわけだな。

しかし、戸坂潤の『科学論』というこの不朽の著作、戦前・戦後をつうじて日本における唯物論研究においてこれ以上の右に出るものは一つもないと僕は思うんだけどもな。しかし、この『科学論』の限界というのはもちろんあるわけだ。それは、ほかならぬわれわれがとくに力説し、そしてやっているところの実践論がまったくぬけていることだな。この実践論が実験論（実験、自然科学の実験ね）、ああいう実験論としてしか位置づけられていない。だからスタティック、静態的、止まっている、動態的の反対の止まっている体系をなしてしまっているけれども、しかし『科学論』という題名のもとに、マルクス主義における哲学のほぼ全体の骨組みを何とかしてつくりだそうとする執拗な努力がそのなかに見られるわけだな。そして、この本が戸坂潤の一応の最後の本であったし、その後彼はパクられちゃって、監獄のなかで疥癬と栄養失調でついに終戦の直前の一九四五年八月九日におっ死んじゃったんだよ。そういうもったいない人だと僕は思うんだけどもな、そういうデボーリンの批判というのは、わずかに戸坂潤のそれしかない。

で、われわれの立場というのは、このデボーリンの立場を批判した戸坂潤の立場をさらに受け継ぎながらも、それを克服していく、その戸坂潤を克服していく立場、それが今までくどくど言ってきたところの実践的な理論、人間論を基礎としたものである。これは、ほかならぬ梅本なんかによってヒントをあたえられ、そして、これからわれわれが実現しようとしているところのものであるわけだ。この実践論を基軸としてマルクス主義の括弧づきの「哲学」を再構成するということはどういうことであるかというと、われわれが再び一八四六年のあの『フォイエルバッハ・テーゼ』を書いたマルクスの立場を基礎として再出発するということを意味する。しかも、そこに足踏みするんでなく、さらに、それをのりこえて、さらに展開していかなければならない。のりこえて前進するということはどういうことかというと、現実的な問題となっている人間実存の問題をも組み入れて、それを突破してゆかなければならないということであるわけだ。

マルクスにおいては人間実存の問題は実存的に追求されてはいない。依然として、物質的生産諸関係からの客体的限定によって説明しようとする傾向におかれていたわけだな。しかし、それは当然のことだった。何よりもまずなすべきことは、そういうプロレタリアの存在そのものの論理、資本の一極としてしか生きられないところの賃労働者、商品化した労働力そのものの論理を解明することが問題であったわけだ。そういう物化された人間存在の対象的な論理、物化された人間存在の対象的論理、これを解明することがマルクスの中心問題であったけれども、しかし物化された人間存在のそういう対象的論理にふまえながらも、同時にだな、物化された人間存在がどのようにして自己の物化を脱皮していくか、物化という状態をプロレタリアが気づき、そしてそれを克服し、たんに個人的ではなく組織的に実現していくか、そういう論理をもやっていかなきゃならないんだ。そしてこれの突破口をきりひらいたのが、ほかならぬ一九二三年のジョルジ・ルカーチであったわけだな。しかし、それは不発に終った。

そういうプロレタリア、物化されたプロレタリアを、さらに自覚させ組織的に結集し実現していくという問題を解明するためには、ここで実存哲学が提起している問題との対決を通すことなしには前進できなかったわけだよ。その対決をやろうとしたのが、十二年前の梅本克己であり、そして三年前のジャン－ポール・サルトルであるわけだ。そういう意味においてな、彼らが提起している問題、十年以前には梅本が、そして三年ぐらい前にはようやっとサルトルが提起しているそういう問題をも、われわれはくぐってきているわけだな。そういうふうな、くぐってきているところを通してはじめて、われわれの反スタ運動というものがうみだされつつあるわけなんだ。

その意味でね、われわれの反スタ運動の理論というやつは、簡単に、現象的・結果的なものだけをつかんだだけではなかなかうまくいかないで、すぐ横にすべっていってしまう。そういう理由はだな、そういう戦略戦術的な問題にとどまることなく、それらがうみだされてきている思想的な基盤、簡単にいってプロレタリア的人間の論理だな、そういうやつをふんまえて、そのうえで一切の組織論、革命論、戦略論、経済学というものが、直接的ではないけども媒介的なかたちでつらぬかれている、そういうことからしてだな、さまざまなかたちででてくる問題の現象的な理解には限界があるわけなんだな。だから、われわれの理論というのは、ただ表面的につかむだけではなく、さらにその内実に入っていって分析してつかみとっていかなければ駄目だということが、ほぼ以上によって大体分かってもらえたと思うんだ。

Ⅳ　実践の論理について

最後に、実践の論理について言わなければならない。今まで一応なでまわしていたんだよ。マルクス主義というもののなかに入っていかないで、こう、外からぐるぐる、ぐるぐるなでまわした。なでまわすことはまったく無意味でなく、なでまわすことを知らないとだな、本質へ切りこむことができないわけだ。どっから切りこんでいいか分からない。で、これからの数回にわたるやつの前提として、時間がなくなっちゃったんで最後に簡単にだな、またこれはこの次の史的唯物論*を説明するときの一番最初にな、位置づけて、実践の論理は何なのか、実践の論理を基礎としたわれわれの独特な史的唯物論的な把握というものの本質がどこにあるのか、というかたちでやろうと思うけども、その場合には、『ドイツ・イデオロギー』にのっかっているところの『フォイエルバッハ・テーゼ』というやつをまず初っ端にやる。それから『ドイツ・イデオロギー』なんかにかんしても部分的にふれるから、『ドイツ・イデオロギー』と

『社会観の探求』と『マルクス主義の形成の論理』と、まあそんなもんでいいな、そういうものもちょっと持ってきてもらえれば、話を聞いているときに便利だと思うけどもね。

＊　第二回入門講座「史的唯物論入門」は『革マル派　五十年の軌跡』第四巻に収録。

で、きょうは最後に簡単にだな、テープがあと少しばかりあるんだよな、それでもったいないからちょっと喋る。

この実践の論理というやつはどういうことなのか。原基形態として実践をとるならば、主体と客体との相互関係を実践というわけだ。その場合に相互関係というわけなんだけども、そういう実践活動を哲学的にいうならば、主体が対象・客体に働きかけることを主体の客体化というんだよな。主体が客体化されることによって同時に客体は主体化されるという、そういう関係にあるわけだな。片っ方だけってことは絶対ないわけだよ。マルクスが「生産と消費の弁証法」＊に言ったけれども、物をつくりだすという働きは消耗することだ、と。肉体的に消耗するだけでなく、たとえば加工対象としての材木、机をつくる場合には材木が消耗するわけだな。消耗するという面が消費であるんだな。消耗するという面は客体が主体化されるわけだ。その場合、直接的に食っちゃう場合には、本当に客体を食っちゃう場合には、客体の主体化の終結形態だよな、食っちゃう場合には。食っちゃう前にもいろいろ客体を主体化していく。

＊「経済学批判序説」『経済学批判』（岩波文庫）参照。

とにかく主体と客体というふうに言葉を使うけれども、言っとくのを忘れたけれども、主体と客体というのはつねに固定化しているわけではないっていうことだな。人間はすべてかならず主体なんだという意味で「人間主体」と威張っちゃうけれども、二人の人間が話し合いをする場合にね、A君はB君の客体になるわけだよ。だから人間主体というのは、主体なんだけども、同時に他の人間にとっては客体になるわけだな。だからこれを形式論理学的に覚えると、「主体は主体、人間。客体は物、モノ、モノ。だから主体、人間、主体は客体ではない」（笑）なーんてな、そういうふうにやるのはソ連型の形式論理的な思考法なんだよな。そうじゃなく、人間主体、なぜ人間主体というかというと、これは全世界を変革してゆく能力をもっているからなんだよ。実際に変革してきたし、そして未来にむかっても変革してゆく能力をもっているから、そういうふうに主体というわけなんだな。

ところで日本語というのは便利であってね、「主体」という言葉は英語にしてもドイツ語にしてもね、同じなんだよ、subject であり Subjektivität《ズブイェクティヴィテート》 なんだよな。イギリス人っていうのは主体というのがさっぱり分かんないんだよ。主体というのは分からない。それを説明するのは一苦労なんだよな。これは日本語の場合には、頭の働きの場合には主観という言葉を使うんだな。

主観、客観と。人間の頭の、考える方のことを主観という。主体という場合にはボディーが入っているんだよ、ボディーがな。だから主体というのは精神的活動と物質的な肉体的労働の統一体として存在してるわけだな。で、観念論から唯物論へ近づいてきた人たち、とくにフォイエルバッハなんかに典型的にあらわれているところのものは、主体を人間身体と（身体、ボディーだなこれは）、身体という点をえらく力説するわけだな。

ともかくとして、われわれが主体という場合には物質的主体であり、物質的主体であるから足を動かす実践的主体であるわけだから、主体という場合には実践的主体であり物質的主体であるわけだ。これが働きかける対象のことを客体というわけだな、原理的に。そしてそれらの相互関係を労働という。そして、そういう対象的なものでなく、客体の主体への反映を認識というんだよ。そして認識されたものを基礎とした反映のことをだな、反省、思考活動というわけだな。反映されたものを基礎とした反映、これを反省といい、思考活動であるわけだ。そして、主体のそういう頭のなかの働きかけを外へ、対象的世界へだすこと、これを表現というんだよ。対象的世界にだすことを対象化というんだな。あるいは、発現といってもいいな。主観的なものを対象的な世界へだすこと、発現すること、現実化すること、これを対象化、対象的なものとすること、というふうに呼ぶんだな。頭のなかに考えていたというものは、他の人間にとっては非対象的なものだけども、その非対象的なものを言語表現をつうじて対象化するというふうにすると、他の人間にとっては対象的現実となるわけだよな。

こういう、主体と客体とがとり結んでいる場のことを現実というんだよ。あるいは、場所的現実という。場所というのは、過程にたいして、プロセスにたいして、現実にそこにあるところの場所、それを現実という。主体と客体とのおいてある場所が現実というならば、人間は、そういう対象的世界のなかにおいてあるものとして、対象的現実であるわけだな。人間主体も客体も、対象的世界のなかにあるという意味においては対象的現実なのだ。しかし、人間はただたんに対象的な存在であるだけでなく、世界を変革し自分自身を変革してゆく、そういう主体的な存在であったわけだな。そのへんの石ころなんていうのは、あれは消耗してちっちゃくなるという場合もあるけれども、しかしあれは自己変革と自己運動それ自体がだな、決定的……

［テープが途切れている。以下、会場からの質問に答えている］

毛沢東の実践論・認識論

いま出た毛沢東の『実践論』に展開されていることについての質問を契機として、さっきの話を続けることにしよう、少し。

どういうことかというと、さっきまでやったことは、要するに、実践についてのわれわれの立場というものをはっきりさせておいたな。だから認識の問題、思考の問題、こういうものをやる場合にも、われわれはそれを実践論の一環として展開するということをさっき言いたかったわけだよ。認識が先か、実践が先かという問題にかんしては、当り前に、唯物論的立場にたつと実践が先であるわけだな。実践によって意識がはっきりしたものにうみだされてくるわけだ。そして鍛えられていく。だから唯物論的な立場にたつかぎり、実践が基礎であり、そして実践の結果として認識が問題にされうるわけなんだな。これが原則的な立場なんだよ。

ところが、現実においては認識と実践がどっちが先かということは相対的なんだよ。まず認識し、そして実践する。この場合には実践が正しくおこなわれるわけだな。しかし問題は、その認識はすでにその前の実践の結果である。これを直線的に言うならば、毛沢東が言っているように、実践―認識―再実践―再認識というようなサイクルをなすわけだ。毛沢東の場合においては、レーニンの『哲学ノート』を受け継いで、実践が基礎であり認識は実践のモメントとして扱わなければならない、というふうにとらえているわけだな。したがって実践―認識―再実践―再認識というかたちにやるわけなんだけども、レーニンの『哲学ノート』をよく読んでいないところのソ連の哲学者諸君は、一九五七年にはこういう論争があったんだよ、「認識は実践のモメントなのか、それとも実践の方が認識のモメントなのか」、こういうばかげた論争をやったわけだ。で、結局、寺沢恒信の言うところによれば、どこに落ち着いたかというと、「実践は認識のモメントである」、認識の方におっぺしこんじゃった。こういうかたちになったんだけども、これはどっからきているかということからまず説明してゆこう。

エンゲルスやレーニンの本を読むと「実践が認識の基準である」、いいかえるならば「認識は実践によって検証される、試される」、そういうことを言っているわけだな。最初の方の「実践が認識の基準である」とか、あるいは「認識は実践によって検証される、試される」というように認識と実践との関係をつかむことにふみとどまっているならば、実践というのは認識の妥当性、正しいか間違っているか、そういう妥当性の問題に局限されていくわけだな。いいかえるならば、実践は認識のためのものに落とされてゆくわけだ。認識が正しいかどうかな、というようなのを試すための実践、テストだよ、まさにな、テスト的実践にいっちゃうわけだよ。こういう傾向にたいして僕たちは、テスト的実践じゃあなく、認識をうみだす動力となるところの労働、これが基本であるということからして、実践を基礎としなければならない。したがって、たしかに実践は認識の基準であり、認識は実践によって試されるんだけれども、そういう認識をうみだす根源としての労働・実践、それを基礎としなければならない。こういうのがわれわれの立場である。だから、われわれは実践―認識―再実践というかたちで問題を追求するわけだ。

こういう意味において、毛沢東はソ連の哲学者諸君よりもだな、レーニンの『哲学ノート』をより良くつかんでいるというふうに言っていい。中国共産党はソ連共産党よりもより良いというのがあるけども、これは火のないところに煙はたたないんで、哲学的にもやっぱりね、毛沢東が自分の認識論を実践論としてだしたというそのかぎりにおいては、やはり革命家の風貌があるわけだよ。ところが今日のソ連のバカセたちは、革命以後に生まれた奴、バカばっかりなんだよ。そうすると彼らにとっては解釈が問題になるから、レーニンのあれしか問題にならない。

いま言ったことをだな、具体的に書くならばだな、〔黒板にチョークで描きながら〕*実践―認識―再実践そして再認識、Eっていうのが認識だよ、こういうふうに人間の実践と認識とのサイクルは展開されてゆくわけだ。認識を始まりとしてとらえ、認識―実践―再認識、こういうサイクルをとるのが認識論だよ。その場合のP_2というやつは、Eという認識を検証する実践なんだよな。このP_2というやつは、認識の基準としての実践がP_2だよ。そしてEの認識の（これがE_1だな）、認識の正しさがP_2によって検証されるというのが、こういう、認識がP_2という実践によって検証される、あるいは実践による認識の検証という場合の実践は、このP_2なんだよ。

＊　以下一二二頁まで、黒板に図を描きながら講述している。

ところでだな、われわれが実践を基礎として認識の問題を扱うという場合には、こういうかたちのサイクルをとるんだよ［P_1－E_1－P_2］。これが実践論なんだよ。P_1という実践に媒介され、［P_1を］実体的な本質的な基礎として、認識が実践からうみだされ、そしてこの認識が実践によって検証される。こういう、こちらのね、P_1－E_1－P_2、こういうかたちの実践論を提起したのがレーニンであり、そして毛沢東であるわけだな。だからソ連において、実践が認識の契機であるか、それとも認識の方が実践の契機なのか、という問題のたて方それ自体がナンセンスなわけだな。人間の実践活動、これはもうこれ以前にまたあるけどね、こういう、そしてこれにずうっとつながっているけれども、こういうふうなサイクルで展開されていくやつをだな、どこでどう切断するかが問題なんだよ。それで、われわれの認識論のアンファングを、始まりを、実践におくということはだ、P_1におくということは、史的唯物論的な把握からして実践が基礎とならなければならないということから、P_1－E_1－P_2というサイクルを認識論の基礎としてとらえるわけだな。これがまず基礎となることだ。

第二に言うべきことは――毛沢東の実践論に関係していうことはだな、このかぎりにおいては毛沢東とわれわれとはなんら違わない――、第二に言うべきことは、毛沢東が認識の問題を、実践に媒介されてでてくるところのE1を問題にする場合にだな、このE1を毛沢東は問題にする場合に、これを二つに分割するわけだ。一つを「感性的認識」とし、もう一つのやつを「理性的認識」と称する。そして「感性的認識」から「理性的認識」への、これは「突然の飛躍」だと、こういうふうな説明をやるわけだ。簡単にいえば毛沢東の説明ってのはそういうことだな。

この欠陥はどこにあるかというならば、「感性」「理性」という言葉と「認識」という言葉をごちゃごちゃにしているわけだな。これはどういうことかというと、感性、悟性、理性と分けたのは、明確に分けてこいつを認識能力としてはっきりやったのは、ほかならぬイマヌエル・カントであるわけだな。これは今むこう［黒板］に、感性、悟性、理性というのをあげたけども、これは認識の能力規定だよ、認識っていうより反映能力規定っていうかな、反映能力にかんする規定なんだな。こいつはね、直接的には、物質的には今日は証明されていないんだよ、とくに悟性というやつと理性というやつの物質的な基礎づけはね。感性というのはかまわねえわけだ、五感だ、さっきの。

悟性というのをひとつの頭の働きというのはどういうことかというと、ものを割ってゆく能力、分析的悟性というふうに呼ぶように、分析的な能力を悟性というんだな。それから理性っていうやつは、分析的な悟性にたいして綜合的理性、こういうふうにいって綜合力をもっているけども、そいつを一応、この何というか、理性というふうに名づける。悟性と理性とは英語では区別できない。こういう、感性、悟性、理性というふうなのはひとつの能力規定としてあたえるわけなんだけども、悟性、分析悟性と綜合的理性というやつは別々に働くわけじゃないんだよ。われわれが分析するということは同時に綜合していく能力だな。だから悟性と理性というのは同時的に働くわけだ、いいかね。

そしてだな、もういっちょだ、こういうかたちの能力がある。これを構想力という。全部につらぬいてゆく、感性、悟性、理性の底を、この関係はまだはっきりしないけどな、底をつき動かしてゆくところの能力規定として構想力、イマジネーションの力。とくに感性とイマジネーションの力ってのは芸術創造活動におけるバネになるわけだな。一応、こっち側のやつは反映能力、この構想力になると反映じゃないんだよ、反映の反映なんだよ、反映二乗だな。だけどまあ、とにかくでっかく言って、反映能力規定と呼んでおこう。こういう感性、悟性、理性というわけなんだけども、これは反映能力なんだな。能力規定なんだよ。ところが認識という場合には、能力じゃなく、認識っていうのは反映の深さ浅さの問題なんだよ、認識ってのは。能力規定でなく対象をどうつかまえていくかっていうのが、認識にかんする規定なわけだな。したがってだな、「感性的認識」、「理性的認識」というふうにやっちゃうのは、これは認識能力とだな認識の深まりとをごっちゃにしちゃった名前なんだな。これはだからバッテンなんだ。

ところでだ、井尻正二というスターリニストの古生物学者がいるんだよ。その人が毛沢東の『実践論』が出る数年前に『科学論』*、若き井尻正二が書いた本があるんだよ。それにはね、じつに面白いけどもな、この感性、悟性、理性ってやつを使って、「感性的認識」、「悟性的認識」、「理性的認識」という三つの認識の組み合せをね、ごちょごちょ、ごちょごちょやってる、かなり一所懸命やった論文があるな。だから井尻正二と毛沢東を較べるならば、この意味においては井尻正二の方が前進しているし、実際、井尻正二は威張ってるわな。毛沢東の『実践論』なんてのはダメ、俺の方が勝れているってな。しかし、本質的にいうならば、こういう能力規定と、こういうのが間違っている。だからだよ、だからこいつが説明できないんだよ。これがクエスチョンだ。「感性的認識は理性的認識へ突然の飛躍をする」、なぜそういうふうになるのかという説明をなんらおこなわないんだよ、毛沢東はな。できないんだよ、はじめから。できないものをやれっていうから無理なんであって、ここでわれわれは、こういう四つの能力を基礎としながら対象をどうやって認識するのか、こういう能力規定を基礎としながら、対象的な認識の過程を分析しなければならないわけだな。こっちは能力規定であるけども、これは認識の過程にかかわるものをやろうとしているわけだ。

＊『科学論』（理論社、一九五四年）の初版は『古生物学論』（平凡社）として一九四九年に発刊された。毛沢東『実践論』の邦訳は一九五二年。

この認識過程の問題をとりあげて、はじめて論理学というかたちでだしたのが、ほかならぬ武谷の三段階論であり、現象論・実体論・本質論として、これが「現象論」「実体論」「本質論」というかたちで武谷がはっきり定式化したわけだ。しかし、これは定式化しただけで、それの、こっからここへ、そしてこっからここへ、こっからここへという連関は、なお彼は説明していない。だがしかし、とにかく、こういう「感性的認識」とか「理性的な認識」といううんじゃなく、能力規定を前提としながら、認識の深まりゆくところの論理的過程を、武谷は現象論・実体論・本質論というかたちでしめしたわけだ。

だから、「感性的認識」が「理性的認識」へ毛沢東は「突然深まる」と言うけども、何を媒介としてそうなるかということは、具体的な例証によって毛沢東の場合はごまかされているわけだな、具体的な例証によって。ところがだな、この具体的な例証による論理的展開の抹殺、具体的な例証でもって論理的展開をごまかしちゃうやり方、こうすることによってだな、追求されるべき問題、こういう現象論的・実体論的・本質論的な認識というのを、毛沢東はネグっちゃうわけだよ。だから、あれ自体としては分からない。ところがだな、「現象論」「実体論」「本質論」という言葉を使うのは反スタしかいねえわけだよな、今日の段階において。だから毛沢東はむさいと思っていながらもだな、毛沢東にのっかっていくのが多いし、そして中間主義者のいろいろな哲学者諸君はいちおう武谷の理論を受け継ぐ恰好をみせながら、しかし自分自身で主体的に展開していかないから、ごまかしばかりやっていくという恰好になっているわけだ。

そればかりでなく、重要な問題は、毛沢東の『実践論』においても、あるいはそれを克服して認識過程の論理構造を追求しようとした武谷の理論にもぬけている問題は、対象を論理的に分析する場合と歴史的に分析する場合のその連関、簡単にいって対象の論理的認識と歴史的認識との関係についてふれられていない。あるいは毛沢東の場合には具体的な問題で、歴史的なものと論理的なものとの統一がごまかされている。たぶん延安に来てどうのこうのという、あいう具体的な例の前後だと思ったが。それから他方、武谷の場合においては、そういう歴史的な認識の問題はオミットされる。この現在における歴史的な問題はオミットされ、そのかわりに理論の歴史的発展、ガリレーからニュートンへ、ニュートンから量子・素粒子論へというような、理論の歴史的発展の過程に彼の三段階論をあてはめるという恰好になっているわけだ。こういうふうにしてだな、一応さまざまの問題は提起されているんだけども、連関がつかない。これをいいかえるならば、武谷の三段階論はわれわれの認識論として磨きあげられていくべき方向を指ししめしているんだけども、同時に磨きあげていかれない恰好に提起されているということだよ。問題はここからはじまるんだよ。

もしも、このようにとらえないならば、武谷の三段階論教条主義が発生するであろう。逆には、武谷三段階論の否定がはじまるだろう。しかし、僕たちとしては、その武谷の三段階論の積極的な意義を認めると同時に、その理論展開そのものがそれを発展させていくには不可能なかたちで提起されていること、いいかえれば、フンヅマリになってるんだよ。だからこれに下剤をかけなければいけない。（笑）その下剤は何かというならば、マルクスのほかならぬ「経済学の弁証法」であるわけだな。どのようにして認識が深まってゆくかということの過程を展開するならば、このマルクスが下向・上向というかたちで展開したところのものをだな、武谷の理論のなかにぶっこんでいかなきゃならないはずだ。

このOというのは、要するに客体をしめす言葉であるけれども、武谷はこういう客観的法則性を人間が、主体が認識するんだというふうに言う。そして、これを認識したらひっくりかえって、こっちが認識されてくる。そこで現象論、実体論、それから三番目に本質論というかたちで、ここんところに論理学というものができるんだ、と。これが武谷の三段階論なんだよな。これを認識したらこういうふうに戻ってくる、と。ぐんぐん、ぐんぐんこれを深くやってゆきゃあ深く掘ったほど穴から出てくるわけだ。こういう意味で、僕はこれを「つっこみ認識論」と言うんだ。どんどん、どんどん突っこんだら穴から出てきたのが、この認識論なんだな。こういうふうに武谷はね、理解しているから、論理的側面から分析するということはあるけども、歴史的な、これは「Oは」、現実にあたえられているけども過去の結果としてでてくる対象であるし、そして、この過去からでてきたやつは、未来へむかっていく可能性をもっている存在であるわけだな。だからOというのは、たんに論理構造をなしているだけでなく、同時にその裏側に歴史性をもっているわけだ。客観的な法則性というのは、そういう意味で論理性と歴史性との統一をなしているわけだな。そして、この論理性と歴史性の統一をなしているOの歴史的側面を分析するのは、とくに自然科学の場合では問題意識化されない。これは社会科学の場合にとくに問題意識化されるわけだな。だけども今日、宇宙創成論とか何とかいうのが素粒子論と折り重なってでてくると、どうしてもそういう問題を、論理的なものと歴史的なものとの

統一の論理をやらなきゃならなくなるはずなんだけども、その点は、ブラジルに逃げちゃって分からない。（笑）

そこでだ、マルクスの認識論というのはどういうことかというならば、対象を分析する場合に、たんに直線的ではない、下向と上向、絵に書けないからとにかくここんとこに一応書いて、分析的下向と上向的展開、綜合的上向っていってもいいな。しかしな、この分析的とか上向的という場合には、こっちは分析ばかりやってて、こっちは綜合だけやるということでは決してないよ。分析するということは、たえず対象を綜合的に小さいものに割ってゆくということを意識してなきゃできないし、綜合的叙述という場合には分析の成果としてでてくるんだな。だから、これをすかしちゃって言うと「分析なくして綜合なく、綜合なくして分析なし」、こう言うわけだな。だからそれはもう、ヘーゲル以来そうなっているけども、全体的な性格として、認識過程の性格として、この両方を認識過程というんだけれども、絵に書いた場合にね、認識の下向的展開と上向的展開との全体の性格をいう場合に、片っ方を下向分析的と、片っ方を綜合的というふうに分けるにすぎないわけだ。こういうふうなマルクスの下向・上向の弁証法に位置づけて、こいつを位置づけるならば、武谷のこの理論はここ［下向的展開］に位置づくんだよ。これは三つに分かれる。現象論・実体論・本質論というふうに武谷の理論は位置づけられるべきだ。ところで、武谷は完全にこれ［上向的展開］を忘れてるんだ、こっちを、こっちをな。

ところでだ、これとは逆にだ、［宇野弘蔵は］できあがっているところのマルクスの『資本論』、こいつを基礎としながらだな、こっち［上向的展開］の方の理論展開をマルクスの『資本論』を軸としながら（これが *Das Kapital* だよ）、これを原理論的に純粋化して「経済原論」と名づけ、そして原論は帝国主義的段階の問題はできない、いわんや現状分析においてをや、こういうわけでね、こういう上向的展開の方。こっち［下向的展開］を全部ネグってだ、これを全部ネグって、できあがっている『資本論』から段階論――帝国主義的段階論というわけじゃないんだよ、後で言うけども、これは重商主義と自由主義とそれから帝国主義とを含むところの段階論――、そして現状分析と。こういう経済学現状分析。宇野の俗流派はな、「宇野シューレ」と自称しているところの宇野のエピゴーネンていうかな、これはたいてい「現状分析論」と言うんだよ、「論」と。宇野だけは「現状分析」でとどめているんだよ。だからやっぱり宇野とそのシューレとは違うんだよな。やっぱりエピゴーネンてのはエピゴーネンでしかねえんだよ。こういうのは、宇野はこうやった。ところがここに……［テープが途切れている］

……それで、さっき言ったように、下向的な方法をやったのがだな、こいつが武谷であった。現象論・実体論・本質論、と。そしてこいつ［上向的展開の方法］をやったのが宇野だ。こういうふうに、僕はとらえたわけだよ、こういうふうにな。これは元締めだ。こういうふうに位置づけられるべきだというふうにやった。そしてだな、こういうふうに位置づけるんなら思いつきだよ。この思いつきを脱却するためにはどうしたらいいかというとだな、――こういう展開がされるバネは一体どこにあるのか、こういうふうに展開されるのはなぜなのか。理論がな、本質的なものから具体的なものへ、こっちの場合には具体的なものから抽象的なものへ、抽象的なものから具体的なものへというふうに展開してゆくわけだけども、これがね、ダンゴを書かなきゃならないようなかたちで理論が展開されてゆくのはなぜなのか。こういうふうに問題を提起しなければいけないんだな。そうするとだな、そもそもこいつを、客観的対象としてのOを分析していかなければならない。しかも分析されるべきOがだな、過去を背負ってきている現在だし、そしてそれが未来にまで発展していくバネをその内にもっているわけだ。したがってだな、さっき言ったところの論理性と歴史性とを統一しているところのO、対象Oをどういう角度から、すなわち論理的にか、あるいは歴史的に分析するか、そういうふうな認識の分析角度の問題がここに導入されなければならないわけだ。そうするとこの絵は限界状況に達するんだな。

そこでだ、こういうのでなく、いちおう立体化した絵を必要としてくる。『マルクス主義の形成の論理』の一〇〇頁を開く。その記号でやる。〔本書一二五頁参照〕

対象的現実をⒷとすると、これを認識する主体をSとする。こういう関係を、さっき言ったように、これが場所であるわけだな、場所であるわけだ。そして、これが一つの現実をなすんだ。われわれが今日、安保闘争なんか云々というふうに喋るけども、安保闘争は想起の、想い起こす対象でしかないし、そしてまた未来の社会というものもだな、これから推論されるべきものでしかないわけだな。こういう立場、最初はとにかくね、こういう立場しかないんだよ。これがどこから来て、どこから来てそしてどこへ行くであろうかということはね、これから分析されるべき問題なんだな。ところが、スターリニストの場合にはね、神通力をもっていて、いっぺんにぱあっと何でも反映しちゃうんだ。きのうのこともきょうのことも、めちゃめちゃに反映しちゃうんだ。彼らの反映論というのはな、十八世紀も二十世紀もみんな反映しちゃうんだ。まあ、二十三世紀も反映するかもな。反映するんじゃないんだよ。それは、現実におかれている諸問題を通してわれわれがね、推論しつかみだし想起し、そしてそれを理論として、思想としてだしてくるんだな。こういうのしかわれわれはないんだよ。

現実にわれわれはこういう状態におかれているんだな。ここからわれわれは出発するんだよ。そして、これを掘ってくわけだよ、掘っていくわけだ。この場合に、認識が二つの方向に展開する。一つは現実そのものをだな、具体的なものから抽象的なものへ、現実的なものから抽象的なものへと認識が深まっていく。本質的なものをここへつかみだす。これを下向分析というんだな。他方、われわれの認識はだな、現在から過去へというふうにさかのぼってゆく。これが歴史的な反省であるわけだな。

ところでだな、現実の認識において、具体的なものから抽象的なものへいくんだけども、この抽象的なものを抽出するのは何のためだというならば、こういうところから現実へ戻ってこなきゃしょうがないわけだ。現実を把握するために、🄱を概念的に把握するために、本質的なW［A′］までゆくわけだな。そして、この結果がだ、ここにB″として把握されるわけだ。ここんところ、三本棒がひっぱってあるけどもね、このSというのと、B′と同じもんだな。これの直接的反映をB′で表す。🄱の直接的反映をB′で表し、🄱の概念的把握をB″で表すわけだ。対象的現実🄱の仕組みをつかむために、そのなかからつかみとられた抽象的本質としてのWによって🄱を基礎づけたのが、B″というやつなんだな。ところでここから、他方、認識というのが、現在的なものから過去的なものへ、そしてこの過去的なものの反省から現在的なものへの展開、

図解３　認識の論理的・歴史的構造

〔第１図〕

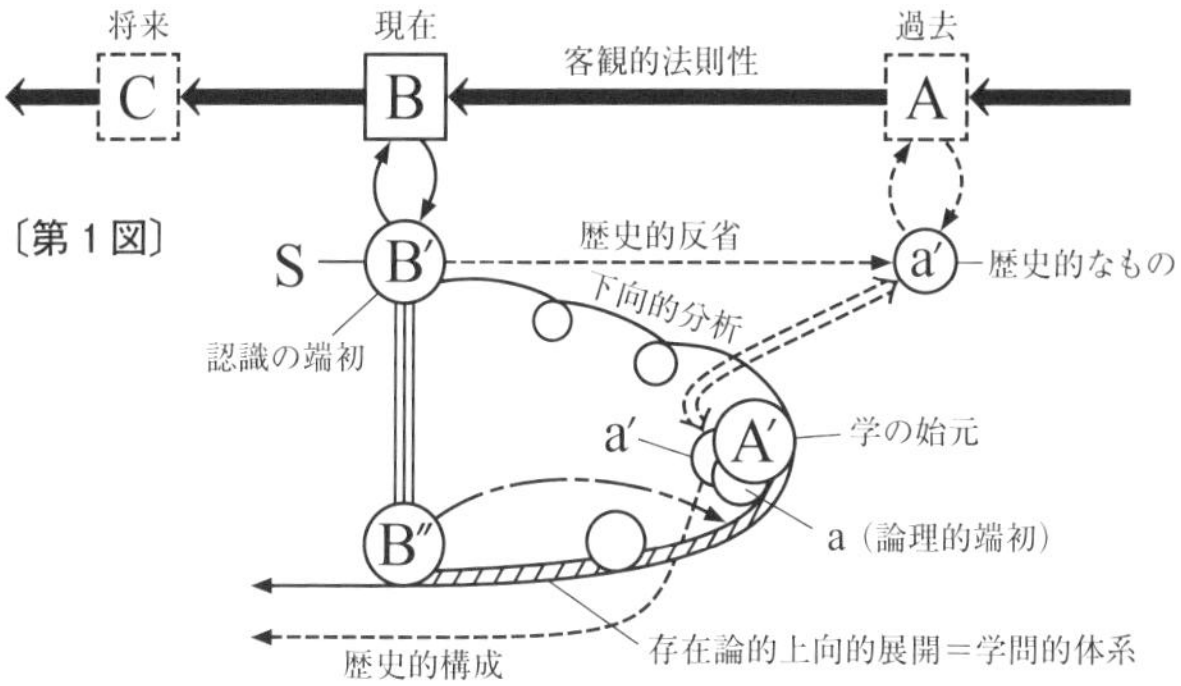

〔第２図〕

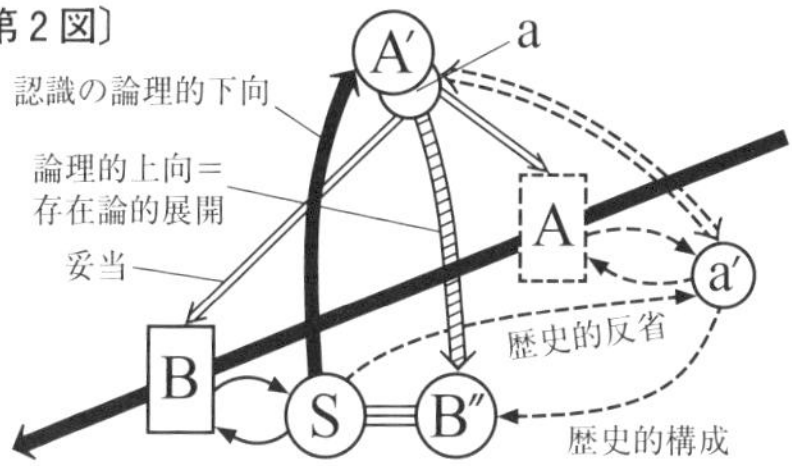

〔第３図〕

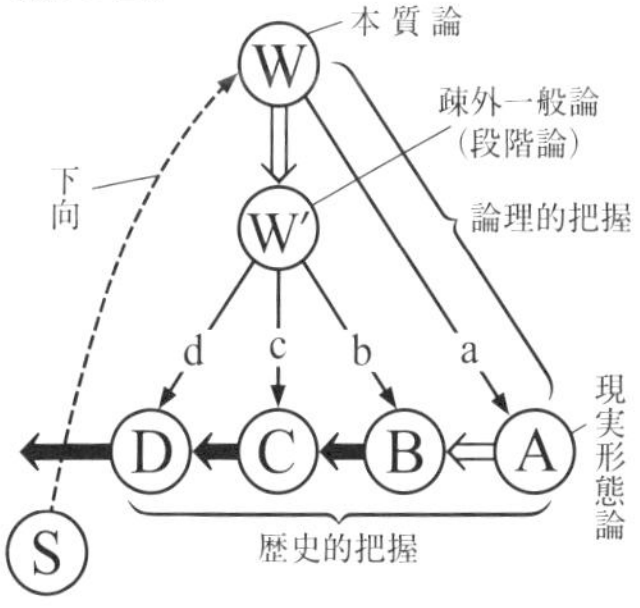

〔第４図〕

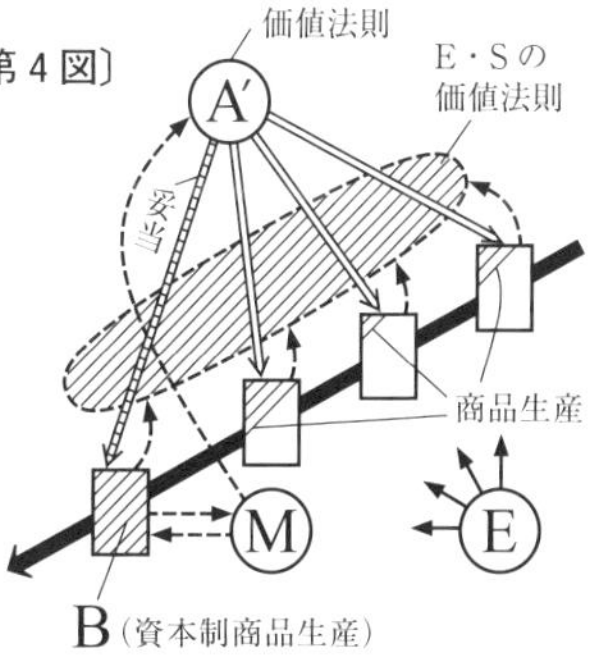

（『マルクス主義の形成の論理』100頁より）

これをいちおう歴史的構成と呼ぶわけだ。こういう歴史的反省とか構成とかいう場合には、客観的現実の動向に平行的なかたちでおこなわれるわけだな。

総括というやつはな、マル学同の闘いの総括というやつはだな、こいつがぬけるとな、こういう論理的な把握がぬけると、ブント・スタイルでな、「第一ラウンド勝利、第二ラウンド何とか」（笑）と、〔全学連〕十六回大会路線の何とかさん〔北小路敏〕の報告だよ。ああいうのはな、こういう反スタをどう実現するかという論理的スジがねえからな、「一一・二七第一ラウンド」とかな、それから何とか何とか何とかと、こう、経過報告になっちゃうんだよ。分かったか？　総括が経過報告になるのはな、論理的な分析のスジが通ってねえからなんだよ、いいか。だからな、こういう総括がちゃんとした論理的な展開になるためにはだな、反スタの実現、それを組織的に実現していくという立場を基礎にしながらだな、これを絵に書くとなかなか難しいんだけど、これを反スタの現段階における運動の組織論とすると、こういう点から同時に規定して、たえず規定していかなければね、こいつが経過報告になっちゃうということなんだよな。

ま、それは余談だけども、とにかく歴史的な反省と構成という問題と論理的な分析というのは、一応別なんだよな。〔黒板に書きながら〕これが下向だよな、そしてこれが上向だ、歴史的反省即構成。これは、かつての世の中をAとすると、これの反映的なものとしてだな、ここにa′がでてくる。そこで、なぜこの本質的なものをA′というふうにそこでは書いてあるか（A′とWは同じようなものだ）、A′と書いてあるかというと、そういう本質的なものはだな、こういうもの［a′］に妥当するんだよ。この妥当のしかたは、それぞれの場合によって規定されなきゃいけないけどね。ま、これはこの次に具体的に説明するとしてだな、とにかく、こういう抽象的なものは根っこをもっているんだよ。そもそもBという根っこからな、A′というものはつかみとられた。このA′ってやつは過去的なものに足をちゃんともっている。これの関係はあとで説明するとしてだな。こういう、いま言ったところだと、この過程［B′→A′］で現象論―実体論―本質論という過程がでてくる。とくにだな、この場合には、歴史性を捨象して分析していくんだな。そしてこの上向的展開、本質論内部における展開の場合に一応、普遍的なもの、段階的なもの、それから個別的現実的なものというふうにやるんだけども、これを展開する場合にね、捨象された歴史的なモメントをこういうふうに入れてこなきゃ駄目なんだ。そうしないとこいつが展開できない。なぜこういうふうになったか、これが大切なんだよ。捨象されたものを入れてくること、捨象されたものを入れてくるんだけども、これが本質的なものにとっては外的なものなんだな、条件は。

ところが、毛沢東にちょっと話を移すと、毛沢東が本質論的展開というか、矛盾の「根本矛盾」から「主要矛盾」、過程の「基本的矛盾」から段階の「主要矛盾」へ、段階の「主要矛盾」から「多くの矛盾」へというふうに展開していく場合には、「基本的な矛盾」がおなかのなかからすべての条件をだしてくるんだよ。そういう恰好になっているんだな。これは毛沢東の『矛盾論』の場合には、「二つの認識過程」ということが最初の方にちょっと言われているけども――「二つの認識過程」というのは下向的な認識過程と上向的認識過程のことを言うんだけども――、そういう認識過程のことがわずか一頁にちょんとふれられてるんだ。ふれられているけれども、彼の「主要矛盾」、「根本矛盾」、「多くの矛盾」を展開するときにそれを貫徹しないもんだから、「主要矛盾」がすべて条件をもみずからのうちからうみだすという恰好になる。

ところで、根本的に本質的なものが条件をもうみだして展開するという、こういう自己展開の方式は、ほかならぬヘーゲル主義の論理であるわけだ。このことは非常に難しいけども、「裏返しのヘーゲル主義」だとかいうようなゴチックのところが『形成の論理』の九二頁にあるし、そして毛沢東の理論のおかしいというのは一七七頁の「商品論と人間論」の中の註二六の②だと思ったがな、そこにちゃんと毛沢東のは書いてあるけども、これは後でやる。こういう歴史的なモメントを入れることによってはじめて本質論のなかの普遍的な理論（『革命的マルクス主義とは何か?』の三〇頁〔増補版八七頁〕の絵をみりゃ分かるな)、そういう本質論の内部においてだな、普遍的な理論、特殊的な理論、それから個別的な現実の理論というかたちでの展開がでてくるわけだな。これはきわめて難しいからな、あまり頭にこなくてもいいよ。いずれまた具体的な問題を通して理解すればいい。

ところでだ、今まで喋ったことを一応総括しておくと、毛沢東の認識論が「突然の飛躍」というかたちにごまかしていかざるをえなかった根拠としては、一つ、反映の能力規定の問題と認識過程の問題とをごっちゃにしたこと。第二番目としては、下向・上向の論理、下向・上向のマルクス弁証法を忘れてしまっていること。三番、論理的な認識と歴史的な認識との区別と連関がごちゃごちゃであること。それらの精華として(華《はな》だ、これはな)でてくるのが毛沢東の矛盾論の単純性なんだよ。(笑)

で、こういうことをだな、われわれはこれからまだやっていかなきゃならないんだけども、しかしこれ以上の具体的なことを言う必要もないし、それで、さっき言ったところの、論理的なものと歴史的なものとの関係をもうちょっと具体的にどう理解するかという点について、具体的な例証でだな、だけどこの例証はチャチな例証ではないんだよな、例証でやってゆく。

一番もっとも［な例は］、さっき喋ったようにだな、終戦直後の段階においては、ほとんどすべての経済学者諸君が、「価値法則というのは資本主義社会の原理的な法則である」、「剰余価値法則が資本主義社会の法則になるんでなく、剰余価値法則をうみだすのがほかならぬ価値法則である」、そういうふうにとらえていたにもかかわらず、そういうふうにならないで、スターリンが「価値法則は商品生産の法則であって資本主義社会の法則ではない」というふうに宣言したら、みんな右へならえしちゃった。この問題について喋って、かつそれが〝火のないところ煙たたず〟ということとして、さっき言ったわけなんだけども、このことを認識論的な角度から説明すると、こういうことなんだ。

一〇〇頁の絵［本書一二五頁］でいうと四番目の図だな、第4図を見れば分かる。ブルジョア社会にたいして、この中にマルクスなんかもエンゲルスも、みんなこの中にいるんだよ。絵を書くときに、そこんとこに主体というのを別に書くけどもね、これはなにも🄱の外にいるわけじゃないんだよ。認識する場合には一応頭のなかで現実の外にでるんだよね、一応。それを図式化しただけで、もともとSというのが外にいたわけじゃない。そういう誤解をする人がいるから、全体をこう、丸でやってあるはずだ、場所的現実としてね。それで、ここのところに、第4図ではここでMとなっている、これはマルクスだ。Mがこれを認識するわけだ。マル学同もマルクスになんなきゃ駄目だよ。そこでだ、これを認識するということによってこの根本的な最も深い把握として、本質としてだな、本質はWesen《ヴェーゼン》だよ、その本質としてWare《ヴァーレ》［商品］がつかまれるんだよ。まあ便利なものだな、記号として、商品という記号と本質という記号が統一してるんだよ、これはね。

そこでだ、こういうふうにつかまれて、商品の法則、とくに労働力が商品化されることによってうみだされるところの法則が価値法則なんだよな。価値法則というのもね、なかなかこれは表現するのは難しいけども、要するに労働力が商品化されてすべての価値というものが労働の時間によって計られるということだよな。こういうふうにつかまえ、そしてこれの上向的展開として、『資本論』がこういうかたちで書かれるわけだ。これが『資本論』の位置だな。これが*Das Kapital*だ。

そしてだな、ここのところにいろいろシャッポかぶっている絵があるでしょう。こういうふうに絵が描いてあるな。［黒板に描きながら］それで少し、こう、多くなって、少なくなって、ちょっと多くて、と。この上っ側のやつが商品生産だ。これがたくさん、うんとあるのが、一番こっち側、これが全部あって、これがブルジョア社会。これが根源的蓄積過程。これが農奴制、奴隷制、原始共産体。まあ直線的に発展するんじゃないけどもね、一応そういうふうにする。で、シャッポの、要するに斜線がやってあるのが商品生産だな。この商品生産にたいして、これが妥当するわけだよ、価値法則がね。このシャッポの部分だけ妥当するわけだ。こちらには妥当しないわけだ、価値法則は。そして、こいつが完全に妥当するのはほかならぬ資本主義社会においてなんだ。なぜ完全に妥当するかというと（これはまあ、後で説明するけれども、きょうでなく）、労働力というものまでもが商品化されるから完全に妥当するんだな。ところが前近代的社会においては、商品生産というのはウクラードをなしていたわけだな。支配的な生産様式は奴隷制であり、あるいは農奴制であったわけだ。ところが農奴制であったということはだな、商品生産が未展開だということを意味するんだな。したがって、そういう商品生産のあった領域にたいしては価値法則は妥当するけども、これは妥当しない。こういう本質的な法則は前近代的な社会にも妥当するんだけども、完全には妥当しない、労働力が商品化していないからな。

ところがだな、ここのところへE・Sと書いてあったな。こう、光が出ている、こういうふうに。これは要するに全社会の歴史を客観主義的に眺めたというしるしだよ、こう書いてあるとね。こういうふうに眺めるとな。それから、その次に絵が書いてあるだろう、このへんに、こう、ふわぁーと蜃気楼だ。これ蜃気楼なんだよ、スターリン的蜃気楼（笑）、価値法則の蜃気楼だ。全部いろいろのところにあったからね、この「価値法則は資本主義社会の法則でなく、すべてに共通につらぬかれているところの法則である」と。で、ぷわぁーと出てきた。これがエンゲルス・スターリンの客観主義的な価値法則の理解のしかたの絵だよ、この斜線がな。これじゃ駄目だ。ところでな、僕たちは、こういうふうに妥当の問題としてだな、具体的に諸条件を考えてやらなければいけない、ということが書いてあるわけだな。で、法則というこの本質的なものをここでつかみとるわけなんだが、この価値法則というやつは完全に妥当するのは、これが抽象されてきた物質的基礎、つまり[B]だな、価値法則Wはブルジョア社会[B]のM的把握だよ、主体的把握によってつかみとられたものであるがゆえに[B]に完全に妥当する。

ところで、だ。部分的に妥当するというふうにいうけども、その部分的とは一体何なのかということを説明しておく必要があるわけだな。で、このW〔A′〕という本質の下に、しばしばこう二つの、二つじゃない、ふぐりが書いてあるな。こう、へんてこりんな、こぶたんが。そして、ここのところはaというふうに書いてあるな〔第2図〕。そしてだ、[A]ということの場合に商品生産というふうに措定する、前近代的社会にあったところの商品生産を[A]とすると、ここに存在してきた商品のことを単純商品というんだよ、単純商品ね。単純商品生産というのだ、これは。なぜ単純商品生産かというと、労働力が商品化していないで、ただ余ったやつを売るとかな、そういう、ほんとにプリミティブなやつだ。そして、これにおける商品のことをだな、単純商品というんだよ。これを単純商品と、歴史的な、歴史上の単純商品と呼ぶ。

このでっかいW［A′］は『資本論』のエレメンタール・フォルムをなすという意味においてな、これを資本制的な商品、資本制商品――資本制商品というのは労働力商品をも含んだところの商品のことをいうんだな――、資本制商品、だから、『資本論』を開くと初っ端の二行によって規定されているのがこのでっかいWにあたるわけだ。このaというのは論理的商品をあらわす。論理的商品とはどういうことかというと、資本制商品という歴史的に規定された商品からその具体的歴史性を一応捨象して、商品一般に妥当するところの規定性をとりだすということだよ。だからこれは、「商品はさしあたり使用価値であり、使用価値は交換価値のトレーガーである、使用価値と価値とは商品の二モメントをなす」というかたちの説明な、これが論理的商品であるわけだ、論理的に抽象的な商品。まさにこの論理的な抽象的な商品は、資本制的という規定性を一応捨象しているがゆえに、これ［a′］に妥当するわけだよ、これにね。

そして、そこの近所に「媒介的同一性」という言葉が書いてあると思うけれどもな、媒介的同一性とはどういうことかというと、論理的商品も歴史上の単純商品も、商品としては同じ規定性をもっている。同じ規定性をもっているという意味では同一性だな。しかし、片っ方はブルジョア社会の現実から抽象された論理的に抽象的な商品であるのにたいして、片っ方は歴史的な単純商品である。片っ方は論理的なものであるのにたいして片っ方が歴史的なもの、つまりダッシュがついているんだな。商品である、aであるという意味では同一性をもっているけれども、ダッシュがくっついている片っ方が歴史的な商品であるのにたいして、論理的商品だという意味で、そこで「媒介的同一性」という言葉が書かれているわけだよ。だから、このWという資本制的な商品の諸規定そのものが、これに妥当するというわけでは決してないわけだな。ここに抽象された資本制商品の規定から資本制的の独自性を捨象した、そういう商品一般に妥当する規定、そいつがa′という歴史上の単純商品生産のおこなわれている社会にあった商品に妥当するわけだ。こういうふうに、僕たちはつかまなければならない。

大体こういう、論理的なものと歴史的なものをつかまえる場合に典型的なのは、そういう現実の、[B]という現実に足をふんまえていくことが、まず第一の中心点なんだな。ところが、スターリニストはそういうふうにやらないわけだよ。スターリニストの場合にはね、てめえはここに現実にはいるわけだ、「反米闘争、反米闘争」と言ってな。（笑）ところがだな、単純商品生産の場合をいうと、とっと、とっとと向こうへ歩いてゆく。そして、ここに行ってだな、これを反映する。それから、ここにおいてはもちろん反映するよ。或る段階においては、このへんでこれをこう反映する。それから、未来社会の問題にかんしてはここでな、スタは反映する。だから、或る現実にたいしてはこう、この次にはこう、これにたいしてはこう、これにかんしてはこうと、しょっちゅう主体の立場がな、ぐるぐる、ぐるぐる動いてんだよ。だから、しょっちゅう無原則的なことを平気で言うんだよ。しかし、僕たちはな、頭のなかで観念的に移行はできるけどもな、反映するということはできないんだ。反映とはつねにかならず現実的なるものを反映するわけだな。もちろん古文書を通して過去のことを反映したって結構だよ。しかしそれは、現在的に歪められた、現在的にもちこまれた過去を、われわれは分析するんだ。ところが、スターリニストの場合はそうじゃなく、勝手に移行し、すべてを反映の問題で片づける。この反映の問題で片づける。頭のなかの構造をちっともやらない。だからな、石頭になっちゃうんだよ。内部構造を全然やらない。

ところが、この図解ってやつはな、要するに『経済学批判・序説』というマルクスが書いたものを読む場合に、左に置いて、まあ右に置いてもいいけども、読むならば、非常によく分かる絵だと思うんだよな。ああ、それから言うのを忘れたけど、第1図というのはくちゃくちゃ、くちゃくちゃしてるだろう。これはどういうことかというと、第1図というやつは、ここに立体的に書いたやつをな、これをこっち側におっぺしこんだんだよ、倒したんだよ。ここの、上っ側の下向・上向のやつをこっち側におっぺした。だから論理的な点点点の記号、平面図だよ、要するに。平面図が第1図なんだな。そこの、書いてある、一〇〇頁の絵でいう第1図は平面図。しかし、基本的には第2図を頭において、第2図のぺっちゃんこにしたのが第1図だというふうにとらえてほしい。

それからもう一丁、ついでにやっておくべえ。上から雨が降ったような恰好なのがあるでしょう、第3図な。これはどういうことなのかというとだな、今まで一応、本質論的展開というやつ、ここは書いてないけどな、この本質論的展開をやる場合にだ、その絵でいうと、これがSになるんだな。Sになっていて、こういう絵は全部とっちゃってあるんだけども、この上に書くと、現実のBからつかみとられたもの、その本質をWとするけれども、社会の場合には、今は資本主義社会の問題に［ついて］やったけれども、もっと根本的に社会一般の法則を対象とする場合に問題をいうとだな、このWに当るのは社会的生産の本質論、左の一〇一頁の一番［I］に当るんだな、Wは。一〇一頁の一番、社会的生産の本質論というやつは、このWに当るわけだ。で、これの一つの展開としてW′というやつな、これは左の絵でいうところの二番［II］、疎外された社会的生産の本質論に当るわけだ。で、この社会的生産の如実なる現象形態

というやつは、原始共産体に妥当する、あるいは、原始共産体は疎外されない……［テープはここで終っている］

（一九六二年十月十四日）

マルクス主義をいかに学ぶべきか

きょうは、一応、マルクス主義とは何かというテーマで喋っていきたいと思うけれども、出席者の諸君が新しい新入生、新しい新入生というのは（笑）……、新入生が多いということで、かなりやさしくやっていきたいと思う。とくに今の［司会者の］話で、大分いろんなのがとびでてきて、おやまあと思った人がいると思うんだけれども、とにかく、ああいう諸問題にいずれはとりかかっていかなければならないけれども、もっと根本的に、われわれがなぜマルクス主義をやらなきゃいけないのか、というところからじっくりやっていきたいと思う。

今日の思想状況というのは、一口にいって混沌としている。マルクス主義という名前の理論があるわけなんだけども、それがさまざまなかたちをとっている。いや、そればかりじゃない。「反帝・反スタ」というのにも二つあるそうだ、というのが今日の悲劇的な現実であるわけだ。そのように分裂に分裂を重ねているということは悲しむべき状況だというふうな人がいるかも知れないけれども、われわれとしては決してそういうふうには考えない。本当のものがうちだされるまえの前段階においては、そういう混乱というのは不可避である。マルクスの思想がうみだされた一八四〇年から五〇年の段階においても、何が何だかさっぱり分からず、それぞれの人が勝手なことを、大ぼらふきをやっていたというような状況だし、レーニンがロシア革命を遂行する以前のあの状況においても、アナキズム、ニヒリズム、さまざまな思想がロシアの土壌の中からはいでていたという、そういう状況をなしたわけだ。そして、日本においても、安保［闘争］の直後から今日までさまざまな思想的な流れが噴出し、そして影をひそめていったり、あるいは元の木阿弥になっていったり、さまざまな様相を呈して展開されている。

われわれがマルクス主義というものに対決するという場合には、一体どういうふうにしてそうなるか。「マルクス主義という思想はやはりいいんだそうだ、じゃあ、それを読んでみよう」というような立場からやるというのは、まったくまずい。「そこに山があるから俺は登るんだ」という、そういう山登りならまだいいけれども、マルクス主義というような一つの世界観というものがそこにおかれている、そしてそれが良さそうだと言われているからそれを俺は選びとる、というような恰好でやると、出発点そのものが間違いなんだ。

とにかく、俺たちが本当に生きていくために一体どうしたらいいのかという、そういう切実な問題に出発していかなきゃならない。それが個人的な問題であろうと、あるいは日本国内の問題であろうと、あるいはまた世界のさまざまなかたちでおこっている問題、たとえば去年のキューバ問題［一九六二年十月］とか、いま諸君がたたかったところの日韓会談反対闘争、あういうものにたいしてなぜ反対しなきゃいけないのかという、そこいらのへんのことをしっかり自分の頭のなかでちゃんと咀嚼しておかないとだな、マルクス主義というものを勉強しても、それは自分自身に箔をつける、あるいはメッキをつけるという恰好になる。メッキはしかし、すぐ剝げるわけだな。しかし、この頃のメッキというのはそんなにたやすく剝げないけども、（笑）しかし思想的メッキというやつはすぐ剝げちゃうんだな。だから、そういう思想を、いろいろあるからというんで、それが良さそうだというんで、それだけをポンと理解しようとするのはまったくまずい。

マルクス主義者になろうとするんだから、マルクスばっかり読んでれば、マルクス、エンゲルス、レーニンだけを読んでればそれでいい、ということにはまたならない。そりゃあ、マルクス系統のものだけを読んでいると、今度は実存主義的なものとか、プラグマチズム的なものとか、いろいろあるわけだが。要するにプラグマチズムというのは帝国主義ブルジョアジーのああいうやり方を、つまり経験主義といってもいいだろうけども、そういうものを哲学的に磨きあげたのがプラグマチズムというんだし、それから実存主義というのは、十九世紀末から二十世紀にかけての小ブルジョア的な動揺というものを基礎にしてうみだされた、主体というか人間実存の本質は一体何なのかというかたちで、社会的な諸関係から捨象して人間の実存の奥にあるものを追求しようとする思想が、一応、実存哲学あるいは実存主義というかたちで結晶というか流れがつくられているわけだな。そういうものを全然理解しなくてもいいかというと、そうでもないわけだ。

その点はあとでまた詳しくやっていくとして、二十世紀現代を規定している思想的な流れというようなことをいう場合には、マルクス主義と、それからプラグマチズムと実存主義というようなのが、三つのものが代表的な思想傾向である、というふうにいうことができるわけだ。これは、そういう思想がうみだされ、かつそれが受けいれられる階級的な基盤というのは、マルクス主義というのはプロレタリアートとか、プラグマチズムはブルジョアジーとその手先とか、それから実存主義はプチ・ブルのそれだ、てなわけで公式主義的にやる人もいるけれども、またそれがまったく間違っているわけではないけれども、それだけ言ってはナンセンスだ。

マルクス主義というやつにかんしてもだ、さっき「スターリン主義」という言葉がでてきたけれども、おそらく、このスターリン主義とは一体何なのかということをはっきりまだ分からない人たちが多いと思うけれども、とにかく、「俺はマルクス・レーニン主義者だ」というふうに言っているその人たちですらもだな、つまり、フルシチョフのソ連もそれから毛沢東の中共［中国共産党］も、いずれも「俺がマルクス・レーニン主義の正統的な担い手であり、そして俺たちの方が正しいんだ」、「いや、お前は修正主義だ」、なあんていう喧嘩をやっている。これがいわゆる中ソ論争だけれども。そういう、今まで一枚岩といわれてきたソ連圏の、いわゆる共産主義陣営の内部における「マルクス・レーニン主義」というのも二つに割れちゃっているわけだ。これは一体なぜなのか。

そして、この「マルクス・レーニン主義」と自称している人たちのことを、僕たちは「スターリン主義」というふうに批判するんだけれども、そのスターリン主義というふうにレッテルを貼る僕たち、マルクス主義というふうに言うんだが、しかし、このマルクス主義も一体どうなのかという具合で、マルクス主義というものの現代的な形態は一体どういうものなのか、ということをはっきりつかみとる、いや漠然とつかみとるだけでも非常に大変なことなんだな。これは、現代におけるマルクス主義の思想的な四分五裂は、当然、組織的にも四分五裂という恰好になってるわけだが、こういう状態がうみだされた根拠は一体何なのか、そしてそれは今後どういう方向にいくだろうかということは、これから諸君自身がいろいろな実践を通して、あるいは理論学習を通してつかみとっていくべきものであって、ここで簡単に解答をだすわけにはいかない。

われわれが直面している問題解決のために

こういう現代におけるマルクス主義それ自体の四分五裂という状況を念頭におきながら、わわれわれが本当のマルクス主義者になるには、一体どうなのか、と。そういう場合には、やはり、マルクスのマルクス主義とは一体何なのかということを理解しなければならないわけだが、しかし、マルクス・エンゲルスのマルクス主義を理解するというのでマルクス・エンゲルスの古典だけを読んでしまうと、古典的マルクス主義者に転落する。つまり、十九世紀の中葉いごにつくられたあのマルクス・エンゲルスの世界観をそれ自体、現代にもちこむというそういうやり方、こういうのをドグマチズム、教条主義［という］。「教条主義」という言葉はみんな聞きなれないだろうけれども、「教条」というのはドグマの訳だな、ドグマは「独断」とも訳される。つまり一定の普遍的というか教典というかな、バイブルのようなのもあれドグマだけども、ああいうものをマルクス・エンゲルスが言ったというだけのことでだな、それを有難がってそのチューインガム的解釈をやる、というのが教条主義というんだな。教条主義というのは、そういう没主体的、てめえをぬかした、まあ「客観主義」という言葉がよくでるけども、自分がどういうふうに生きかつ行動し、そして死んでいくか、そういう問題をネグって、マルクスならマルクス、エンゲルスならエンゲルスへ、自分自身をポーンとこう、無くしちゃう。そういうのは自分自身を無くするという意味で没主体的というんだが、そういうマルクス・エンゲルスの古典のつかみ方であってはならないわけだ。

レーニンのつかみ方も、そういうふうに、ただたんにレーニンのやったことを模倣するとか、レーニンが一九一〇年代にやったことを六〇年の現代に直接無媒介的にもちこむ、アテハメ的に解釈する、そういうような思考態度、そういうような実践への態度というのは、われわれとはまったく無縁なわけだ。われわれとしては、われわれが直面している問題解決、われわれが直面している問題解決のひとつの呼び水的なものとしてだな、マルクスやレーニンのやったそういう過去の足跡を思いかえし、そして、それを現代的なかたちにつくりかえて発展させていく。こういう立場を僕たちは「革命的マルクス主義の立場」というわけで、これは古典的なマルクス主義、マルクス・エンゲルスのマルクス主義を直接もちだすんではなく、われわれの直面している現実的諸問題、こういう現実に足をふんまえて、その問題を解決する一助としてだな、マルクスやレーニンのやったこと、あるいは彼らが実践したこと、そういうことを学び、そしてわれわれの社会的な状況にみあったかたちで具体的に理論をうちだしていく、そういう立場をわれわれはとるわけだ。これが、教条主義、一定の理論を拝む教条主義とは反対な創造的な立場、実践的な立場というふうに僕たちは呼んでいるわけなんだな。

で、こういう一般的なことを言ってもさっぱり分かんないけども、たとえば、日韓会談反対の問題にしてもだな、さっきは社学同［社会主義学生同盟］の批判がなされていたけども、たとえば民青という人たちは日韓会談にたいしてどういう態度をとるか。せんじつめればアメリカ帝国主義が悪いのよ、というわけで「アメ帝反対」ということをごしごし言ってゆく。こういうのを理論的には「民族主義」、「民族排外主義」という言葉で批判するわけなんだけども、この民族排外主義という概念が形成されたこの背後には、第二インターからレーニンへのそういう過去を負っているし、そしてレーニン死後の第三インターナショナル（コミンテルンだな）、第三インターナショナルのスターリンによる民族主義的な歪曲というものの延長線上に今日の日共の路線、その根底には毛沢東の路線があるんだけども、そういう毛沢東、日共などの民族主義路線がうみだされてきているわけなんだな。

だから、この日韓会談反対闘争を、たとえば、日共や民青のように民族排外主義の路線につっかったものだというふうに批判するだけにとどまっているだけでなく、なぜそういう民族排外主義というやつがでてくるのかということをはっきりつかまなきゃならない。俺たちは、そういう反米闘争として日韓会談をたたかう民青や日共のやり方には反対なんだ、と。そこだけでやってたら、これは誰でも言えることなんだよな。これは、社青同（社青同というのは社会党系統の青年将校群だな）、そういう社青同というような奴だってそのぐらいのことは言ううんだよな。そういう社青同の立場と僕たちの立場とは、現象的にベクトルが日本帝国主義に向いているという意味では似てるけれども、その本質においてはまったく違うということは、どこからきているかというと、やはり民族排外主義という、あるいは民族主義反対というやつの同一の概念あるいはスローガンであるにもかかわらず、その内容がまったく違っている。その内容が違ってるってのはどこかというと、われわれは、マルクス・エンゲルスの伝統とレーニンのあの闘い、そしてスターリンによる国際共産主義運動の歪曲、そういうものにたいするトロツキーの闘い、これらを裏側に秘めて、われわれは、民族排外主義反対、反米闘争へのすりかえ反対ということをやっているわけなんだな。

だから、われわれが直面している日韓会談反対闘争にたいする対峙のしかたにおいてすら、社青同とも、民青とも、そして社学同とも、そしてケルン・パー〔中核派〕とも、われわれはまったく違う立場をとっているんだな。これは一体何なのか、ということの全体を見極めるということをやるためには、どうしても、マルクス・エンゲルスの根本からの、マルクス・エンゲルスの理論を根本からつかみなおさなければならない、ということになってくるわけだな。

「スターリニズムはおかしい」というふうにガーガー言われると、ああそうかなあというわけで、スターリンのものを全然読まない、こういう反スターリニストがいるんだけども、これはお断りだな。今後、スターリンの主要著作、一九三八年に『ソ連共産党史』に入れられたところの『弁証法的唯物論と史的唯物論』、それから一九五〇年に書かれた『マルクス主義と言語学の諸問題』、それから五二年に発表された『ソ連邦における社会主義の経済的諸問題』、これはみんな大月書店の国民文庫、ニッポン国民の書いたものが一つも入ってない国民文庫（笑）の中にだな、それが入っているから、このスターリンの一応理論的な三部作な、これをとにかく反スターリニストになるためには必ず読んでほしいスターリンの本なんだな。

今日、フルシチョフは「スターリンの個人崇拝を私は批判したけれども、しかしスターリンにもいい面があった」とかな、「スターリンを批判したからといって国際共産主義運動」、彼らの言う「国際共産主義運動の権威を失墜させてはいけない」とかいうかたちの演説をやらかしているけれども、そしてこのフルシチョフのあの演説が、きのう、きょうの新聞なんかでデカデカと扱われているのは一体何なのか、と。あんな、「わたしゃジジイだから辞めます」（笑）というふうに言ったことがあれほど問題になるのは一体何なのか、という点から疑問を発して、そして今日のソ連の政治経済機構のおかしな点を掘っていくというのも一つの勉強のしかただ。そういう、僕たちが直面している問題、日韓会談であろうが、キューバ問題であろうが、フルシチョフのあの演説がなぜあんなにも大きく言われなければならないのか、そういうようなさまざまな現実におこってくる現実的な、あるいは思想的な諸問題、これにたいして自分自身が対決する、その対決の過程において、われわれはマルクス・エンゲルスの基本的なものをつかみとっていかなければならないわけだ。

こういう立場を革命的マルクス主義の立場と呼び、哲学的には実践的な立場とか、この現在、場所的な立場——「場所」という言葉は聞きなれない人は難しいと思うけども——、この現在、われわれがおいてあるこの社会に深く根を下ろす、そういう主体的な立場のことを「場所的立場」というような言葉を使うわけだけども。この「場所的」という言葉は、西田・田辺哲学からわれわれが受け継いで、マルクス主義の用語たらしめようとしたものだし、今日では、そういう場所的な立場にたいして、「西田・田辺的な偏向だ」というようなレッテル貼りはほとんどなされていないけれども、それはわれわれの運動のひとつの成果であるわけだが、しかし、そういう場所的立場、実践的立場というものを、まずもって僕たちは根底におかなければならないわけだな。そういう立場がないと、マルクスほじくりとかレーニンいじりになってしまうわけだ。もちろん、最初の段階においては、ほじくったって、いじったってそれはかまわんけども、ほじくりいじくり方によってだな、自分自身の思想形成の問題もいろいろに歪んでくるんだから、その点をやはり真剣に考えて、勉強のしかたというのも、まず最初に出発点的な事柄として言っておきたい。そして、このことは、あとで喋るようなところにも、「マルクス・

レーニン主義者だ」と言いながら実はニセ者だというような点においても現れてくるから、その点はその場所、その場所で説明する。

マルクス主義とは何なのか、ということをやるのはきわめてばかでかい問題なんだが、これを大体三つに分けてこれからやろうと思う。まず第一点は、マルクス主義とは何かということで、その哲学的側面についての事柄だな。それから第二番目には、マルクス経済学といわれているものは一体どういう骨組みをもっているのか、ということ。それから第三番目には、マルクス主義の革命論というのは一体どういうものなのか。大体、この三つに絞ってやっていきたいと思う。

I　マルクス主義とは何か

まず一番はじめに、マルクス主義とは何なのか、ということなんだけども、これが分かったら、何もいろんなマルクス主義とは何かということを聞く必要はないわけで、最初から回答はできないわけなんだな。このマルクス主義というのは読んで字のごとく、マルクスがうちたてたところの一つのイデオロギー、世界観をさすわけなんだが、それじゃ同語反復である、と。この頃、同語反復がはやっても同語反復だと気づかないようなマのぬけたルックス主義者が多いけどもな。われわれがルックス主義者、マヌケにならないためにはだな、やはり、根本的なところから理解しなきゃいけない。なぜわれわれがマルクス主義を今日、十九世紀につくられたマルクス主義を、二十世紀の、しかも後半にあるわれわれが理解しようと努めるのは、一体何なのか。

プロレタリアートの自己解放の理論

マルクスの理論というのは、要するに、資本主義社会を転覆し、資本主義社会のなかで最も抑圧されている階級としてのプロレタリアート、そのプロレタリアートの解放をいかに実現すべきか、その解放の理論と実践をマルクス主義というふうに簡単にいうわけなんだが、マルクスの時代・十九世紀ではなく二十世紀の資本主義というのはかなり変っている。これは事実なんだし、マルクスの時代のやつを産業資本主義というふうにいうと、今日の資本主義を帝国主義と——レーニンは「資本主義の最高発展段階としての帝国主義」というふうに言ったけども

——、二十世紀の資本主義は帝国主義だ、と。しかも今日の資本主義（帝国主義としての資本主義だな）、これは単なる独占資本だけでなく国家独占資本主義というかたちにまで、極限的なかたちにまでなってきた。それに対応したかたちで、プロレタリアートも十九世紀のあのボロボロ・プロレタリアートだけでなくハイカラなプロレタリアートもでてきた。ハイカラなプロレタリアートがでてくると、中間層もでてくる。階層分化がおこってくる。いわゆる労働者階級といわれるものの中にも、さまざまな階層、上と下、ホワイトカラーとかいわれるやつとか、ルンペン・プロレタリアートと、それから普通の純粋のプロレタリアートとか、さまざまなかたちのプロレタリアートというか、労働者階級がでてくるわけだな。

そうすると十九世紀のプロレタリアートの状況、その悲惨な状況にふんまえてつくられたマルクス・エンゲルスの理論は、二十世紀の現代にはもうすでに当てはまらなくなった、古くなった、こういう理解のしかたがでてくる。それは、プロレタリアートがそういうかたちに、さまざまなかたちに分裂していくだけでなく、今日の段階はレーニンの段階とも違う。レーニンは当時の状況を「帝国主義とプロレタリア世界革命の時代だ」というふうに言っていた。ところが、今日の世界というのは、ソ連圏という強大な社会主義陣営ができている。まあ地球の六分の一だとか何とか、数字はどうでもいいけれどもな、奴らが二言目には言うやつだ。あんまり言うから忘れちまうけどな。（笑）そういう強大な社会主義圏ができて帝国主義陣営がますます苦しくなっている、と。この二つの陣営はお互いに戦争をしなくてもだな、平和共存にやっていけば変っていくんだ。だから、こういう現代のような経済構造の変化にみあって政治的なやり方、つまり世界革命というのも変ってこなきゃいけない、平和共存を維持することがすなわち世界革命の展望の一環である、と。そして外にむかって、つまり、帝国主義国家と社会主義との関係を仲よくやる。そして、そういう平和状況のもとでは国内においては議会内で多数をとる、そしてプロレタリアの解放を実現しよう、というような理論を、一九五六年のソ連共産党二十回大会においてフルシチョフが初めて正式にうちだしたわけだな。

こういうやつがその後、フルシチョフやトリアッチなどによって、括弧づきだけれども「磨き」をかけられて、いわゆる構造改革路線というような恰好になり、それが日本にも輸入された。こういうフルシチョフ、トリアッチのやり方を頭から否定するわけではないんだが、しかしそういう「平和共存」だけ言ってるとうまくない、と。そして、レーニン的な原則を直接もちだして、フルシチョフとは名指さないんだけども、ユーゴを媒介として、ユーゴ非難を通してフルシチョフなんかの悪口を開始したのが「中共であり」、レーニン生誕九〇周年の記念、一九六〇年の四月頃、中ソ論争というのがすでにぼっぱじまっていたわけだよ。この中ソ論争というやつは、現代世界をどう把握するかという点の食い違いだな。そして、そのときの食い違いは、その年の秋に妥協して、中共的な強硬路線とフルシチョフのようなソフトの路線とが妥協して、ぐちゃぐちゃぐちゃとなって、一応くすぶりながらも表面的な妥協ができたわけだ。

ところが、去年のキューバ問題、キューバにたいするフルシチョフのやり方はおかしい、と。そのところもいろいろ裏側のことがあってはっきりしないけれども、とにかくケネディと妥協してひょろひょろっと腰くだけになって、ミサイル基地を撤去して……、そんなことやってちゃダメだというような、そこまではっきり言わないんだけれども、中共が、そういうキューバ問題をきっかけとして公然とフルシチョフ路線にたいする批判をやった。そして、トリアッチが中共を非難すると中共がトリアッチを非難するというかたちで、かなり騒然とおこなわれたけれども、今年の一月になったら、フルシチョフが「敵の前で論争するのはやめろ」というふうに一喝して、何だかぐじゅぐじゅ、ぐじゅぐじゅなっている。

こういうひとつの状態というのは、すでに一九五六年のスターリン批判、このスターリン批判というのもみんな勉強してほしいと思うんだけども。一九五三年にスターリンがおっ死んだ、それで、おっ死んでからいろいろ、誰が後継者になるとか何とか、ごちょごちょ、ごちょごちょやっていて、それでまあ、マレンコフが首になったり、それからモロトフ、カガノビッチ、それからシェピーロフとか何とか、古参ボルシェヴィキが左遷される、というようないろんな事態があって、強硬路線にたいしてフルシチョフの路線をまとめあげるというお膳立てをつくってきたわけなんだ。その五六年の——これは後でまたやるけれども、とにかくスターリニストの分解はすでに五六年にはじまっていた——、この五六年のスターリン批判に続いたハンガリア革命というのは、決定的にソ連圏をささえているイデオロギーがおかしいということを現実的な事実をもってしめしたわけだな。

その当時からすでに、中共とソ連とはスターリン批判にたいする態度それ自体が食い違っていたんだ。当時は、中共というのは、スターリンを批判することによってハンガリア事件をつくりだしてしまったフルシチョフのつっかえ棒というような役割を果たしていて、食い違いという点ははっきりしていなかった。しかし、歴然としてあったわけだな。その後、人民公社の評価のしかたとかいろんな問題をめぐってますます対立は深まる。毛沢東はソ連に呼ばれたって行かねえ、と。で、周恩来を行かせるってな恰好で、ずいぶん、ごちょごちょ、ごちょごちょやっている。しかし、これはたんにだな、内紛ということではなく、スターリニズムそのものの分解、そしてこの分解というのはわれわれが手をこまねいて待っていたらやはり分解しない分解なんだけども、そういう分解が急速におしすすめられていることなんだな。こういう、共産主義というように言ってしまってはまったくお恥ずかしいところの共産主義が存在しているというこの現実にふんまえてだな、僕たちは古典的なマルクス主義、マルクス・エンゲルスのうちたてたマルクス主義とは何なのか、ということをだな、理解しなければいけない。

さしあたり、僕らは、不朽の名作としてのあの『共産党宣言』（マニフェスト）、一八四八年の『共産党宣言』というもの、これはかなり圧縮して書かれているから難しいんだけれども、この『共産党宣言』というものを読んでほしいと思うんだな。よくわれわれは入門的にこの『宣言』を使うんだけども、その場合にもう一つ「宣言」があるんだよ、「モスクワ宣言」というのがな。（笑）その三十円の「モスクワ宣言」というのとね、一体どこがどうおかしいのかというぐらいのことをちゃんと理解する必要があると思うんだな。マルクス・エンゲルスの時代と俺たち二十世紀の時代とは違った、だから今度は平和にやるんだ、平和にやっていけば革命はできるんだ、というようなことをやっているんだな。果たしてこれが本当のコムニストが出すべき宣言かどうか、ということを討議してやっていく、と。そういうことをやればだな、民青的にいかれた人たち、いかれかかっただな、人たちというのも芽を吹きかえすわけだ、「ありゃ、俺はボヤけてた」と。

そういうふうに気づかせるための学習会指導というのも、はっきりやらなきゃいけない。しかし、『宣言』だけやってたら駄目だ。『宣言』を理解するためには、やはり、マルクス・エンゲルスのマルクス主義を、大雑把でいいから全体の輪郭を理解している必要があるわけだ。この全体の輪郭を理解するには何がいいかというと、非常に難しいんだけども、レーニンの「カール・マルクス」、これは『資本論』〔青木書店版〕の付録というかな、『資本論』の前に載っかっている短い論文だな、レーニンの「カール・マルクス」。これは国民文庫で『マルクス＝エンゲルス＝マルクス主義』という変な題の本があるけどな（上・中・下三冊で）、ああいうのにも載っかっているはずだけども。『資本論』第一巻の一番最初のマルクスの本文がはじまるすぐ前に載っかっている、そのレーニンの「カール・マルクス」というやつは、マルクス・エンゲルスが述べた、語ったこと、この語ったことを引用によって並べてあるから、かなり、ああ、こういう階級闘争という問題にかんしてはこんなものを読むかなとか、史的唯物論にかんしてはこんなものを読むのかなという、大雑把なところが大体分かる。それから、エンゲルスが書いた『空想より科学へ』というちっぽけな本があるんだな。この『空想より科学へ』というのは、『アンチ・デューリング論』――『アンチ・デューリング論』というのはどういうことかというと、デューリングという経済学博士がいたわけだよ、ヘーゲルばりのな、それの思想的影響力が強いというのでエンゲルスがデューリングの体系批判というやつを書いたのが、いわゆるデューリング主義反対、今日では「アンチ・デューリング」というふうに簡単に訳されているけども——、その『アンチ・デューリング論』という本の中で、エンゲルスがポジティブに積極的に自分の見解を展開しているのが、『空想より科学へ』なんだな。

この大体三つだな、これをまず読む、と。これは一人で最初読むと難しいかも知れないけれども、とにかくこの三つぐらいをまず読む。書いてある内容というのは、要するに、今までの歴史、原始共産体を除いて今までの歴史は階級闘争の歴史なんだ。その最も発展したのがブルジョア社会、資本主義社会である。資本主義社会においては、プロレタリアートとブルジョアジーとが敵対的に対立しているんだ。ブルジョアジーは一切の生産手段を所有し、逆に労働者は生産手段からきりはなされ、つまり、生産手段がない無産者、このことをプロレタリアというのだな。そういう、生産手段からきりはなされた労働者と、他方では労働者からきりはなされた生産手段そのものの蓄積、こういう分解がおこってくる。資本家というのは生産手段、労働者からきりはなされた生産手段の人格化されたものなんだ。そして生産手段（物をつくる品というぐらいに覚えておく、あとで説明するけども）、生産手段を失った労働者は、しかし、やっぱり働かなきゃならない。働くためにはどうすんのか、働くための道具は無い、じゃあしょうがねえっていうんで、てめえがもっている精神的・物理的な力、これを労働力というのだが、労働する力だな、この労働力を売る。売るということはどういうことかというと、労働力が商品になるということなんだが、そういう労働力を切り売りする人、これを賃労働者、プロレタリアと言うんだ。そういう状況がうみだされてきている。

この労働力を商品として販売する労働者、これはすでに人間として扱われているわけじゃないわけだな。物として人間が扱われている、そういうこの悲惨な資本主義社会を転覆するためには、プロレタリアートがブルジョアの国家権力を粉砕しなきゃいけないんだ。だから、プロレタリアの権力、労働者の権力——権力をぶっ壊すということが労働者の目的であるにもかかわらず、労働者は、やはりブルジョアジーを絶滅するまでは権力をうちたてなければならない。こういう矛盾は、アナキズムとの闘争をつうじて、さまざまなかたちでつらぬかれてきたマルクス・レーニン主義の原則であるわけだな。こういう、「支配階級として組織されたプロレタリアート」という言葉が『共産党宣言』にあるな。「支配階級として組織されたプロレタリアート」、これが労働者国家の本質を言ってるわけだ。今までの支配階級たるブルジョアジーにかわって、てめえみずからを支配階級として高める。この「支配階級として組織されたプロレタリアート」というやつは、二、三年後に「プロレタリアート独裁」という概念に磨きあげられていくわけだな。そういうプロレタリアートの闘いの烽火をあげたのが、あの『共産党宣言』であったわけだ。このような立場がうみだされるのは、しかし、簡単なことではない。

このことをだな、エンゲルスの『空想から科学へ』の前半、第一章あたりにおいては、空想的社会主義、十八世紀フランスがうみだした空想的社会主義との対比において、マルクス・エンゲルスがうちたてた社会主義というのは空想的ではなく科学的なんだ、という説明をおこなっているわけだな。科学的というのはどういうことか、あるいは逆に、空想的社会主義と呼ばれる十八世紀の社会主義者たちの本質は何であったのかというならば、そこに書かれている点を言うならば、十八世紀のフランスの社会主義者たちはすべての人民を、全人類を解放しよう、そういう立場で賤民救済運動というようなことをやった。これは、たんにヒューマニズム的な望み、願望にすぎない。たんにヒューマニズムの観点からやったんじゃ、今日における慈善事業と同じようなもんになっちゃうわけだ。なぜ、そういう悲惨な状態、賤民、プロレタリアがうみだされるのかという、そういう構造、政治経済的な仕組みをはっきり科学的に分析し、そういう科学的な分析にのっかりながら、人間の解放という問題を考えなければならない、というのがマルクス・エンゲルスの社会主義が科学的というふうに言われるゆえんであるわけだな。

空想的社会主義者というのは、ただたんに、賤民、虐げられた人、困っている人、そういうものを救済しようとしたのだが、そういうヒューマニズム的な運動、まあいってみれば慈善事業的な運動が空想的社会主義であったのにたいして、マルクス・エンゲルスの社会主義が科学的だというふうにいわれるのは、ほかならぬそういうプロレタリアというのが、どういうふうにしてうみだされ、そしてどのように虐げられ、そして彼の解放はいかにあるべきか、そういうふうなのをだな、たんにヒューマニズム的にやるんじゃなく科学的に、分析にふまえてうちだした、という点で科学的と言われるゆえんがあるわけだ。しかし、こういうふうに科学的にプロレタリアのおかれている資本主義社会の構造が分析されると、プロレタリア解放という目的もまた、淡き願望ではなくして、本当のプロレタリア階級の科学的な目的、本当に実現される実践的な目的となるわけだな。人間の解放というのは、空想的社会主義者はたんにそういうふうにありたいというあるべき状態を描きだしたにすぎないのにたいして、マルクス主義における目的、プロレタリアートの解放という目的は、本当に実現される可能性をもった、そういう実践的な目標になってくるわけだな。

これは簡単にいって、空想的社会主義者はプロレタリアを、賤しい人たちを救済の対象にしたんだ。ところが、マルクス主義においてはプロレタリアは救済の対象ではなく、ほかならぬ自分自身が解放の主体なんだというかたちで、まず、ぼーんとやったわけだな。そういう、プロレタリアが自分自身を解放していく、そういうのが軸になってマルクス主義の世界観、思想はうみだされてくるわけなんだ。そういう意味で、マルクス主義とは何なのかというふうに一言にして言えといったならば、それは、プロレタリアートの自己解放の理論だというふうに言っていいわけだな。『何をなすべきか?』では、この「自己」がぬけているのだけども、これはぬかしてもあってもどっちでもいいわけなんだ。自己解放という意味を本当につかみとっておくならば、プロレタリア解放の理論でいいわけなんだな。ところが、このプロレタリア解放の理論というのを、いま話したような哲学的な背景をぬきに理解すると、共産主義者というのは「プロレタリア階級を解放してやる」の理論になっちゃうんだな。やるわけじゃないんだよ、プロレタリアートがみずからを解放するわけなんだな。

そして、われわれはたえずプロレタリア階級の組織化のための闘いをやっている。このことは、まあ一番最後で話すけれども、十九世紀の初頭から後年にかけては、労働組合をつくり労働者の団結をつくりだすことそれ自体が革命的であったんだけども、二十世紀現代においては、労働組合というのはすでに存在しているし、それがまったく臭気ふんぷんたる状況だ。そういう段階において、一体、解放闘争はどうやるのか、というふうな問題にアプローチする場合に、一部の自覚した革命的な人間、あるいは職業革命家の集団がプロレタリアートの外部から宣伝・煽動するというかたちによってはプロレタリアートの解放はできないわけだ。ほかならぬ労働組合によって、あるいはスターリニスト党（代々木共産党のようなやつだ）、そういうスターリニスト党や社会党によって、いろんなふうに労働者の要求がねじ曲げられている状況を克服せんとする本当のプロレタリアの前衛、これが本当の闘いをやることなしには解放ができないのだ。だから、われわれの前衛組織論の根底には、そういうプロレタリアートの自己解放という立場がつらぬかれているんだな。

ところが、この根底につらぬかれている自己解放という点を忘れてしまうと、代々木じゃねえけども、ブクロ的なところから命令すりゃあな、なんか戦闘的労働運動がパーパー、パーパーできる、と。それでまあいい気持ちになって、何かやりましょう、というようにして、前進ができるかのごときに考えている『前進』という新聞があるんだよな。（笑）それはわれわれ自身がうみだしてしまったもんなんだけども、そしてわれわれは、この自己解放という問題にかんしては、ブントにたいする闘争においても貫徹してきたし、たえずわれわれはそういう立場をとってきたんだ。だけどもだな、字句で分かっていることと、本当に自分自身の身体《からだ》で分かっていることとは質的に違うんだな。知っていることと、体得していることとは哲学的にも違うんだよな。物知りはかならずしも自分自身で考え、そして意見を発表する人とは限らないわけだな。物知りはたしかにいろいろいるよね。まあ、マルクス・レーニン主義者のなかにもいるんだよ。或る人なんていうのは、自分の頭が引き出しのようになっている、そして革命論というときには『レーニン全集』第何巻、組織論というと『レーニン全集』第何巻、二十三巻なんて、ぱっぱっぱっぱっと、こうね（笑）、そういう引き出しが出てきて、それをあてはめて考えるんだな。それじゃあ物知りであっても、決してマルクス・レーニン主義者と言えないわけだな。

マルクス思想の追体験的把握

マルクス・レーニン主義者と言いうるのは、極端にいえば、マルクス・レーニン主義の古典を読まなくてもなれるわけなんだ。しかし、凡人たるわれわれは、やはり、マルクス・レーニンの歩んできた道をもう一度とらえなおして、このマルクス・エンゲルスがやってきた、レーニンがやってきた、マルクス・レーニンがやってきたことを僕ら自身がもう一度やりなおす、ということを「追体験」という言葉でやるわけだな。ドイツ語じゃNachdenken《ナッハデンケン》で、もう一度うしろから追っていくというかたちで、追って考えるということなんだけども、これは身体《からだ》で考えるという意味でな、「追体験」という言葉を僕たちは使っているわけだ。

そういう追体験をやらないとだな、レッテル貼りとかな、あるいは新しいレッテルを考えて相手に貼ることがそれ自体批判であるかのごとき錯覚におちいるんだな。しかし、そのレッテル貼りは批判にはならねえんだな。だから、いろいろものを考える場合でもだ、内在的批判というのは一体どういうことなのか、ということにも関連してくるんだけども、その内在的批判ができるかどうかということは、マルクス・レーニン主義を内在化、主体化しているかどうか、それにかかっているわけだよ。だから、レッテル貼りしかできないってことは、実はマルクス・レーニン主義が分かってない、本当に分かってない、知っているけども分かってない、そういう分裂のひとつの表現であるわけだな。

とにかくとして、そういうマルクス・エンゲルスのうちだした科学的社会主義というふうにいわれているものと空想的社会主義との現象的な違いというのは、『空想から科学へ――社会主義の発展』というエンゲルスのあの本を読めば大体分かる。そして、「マルクスの二大発見は史的唯物論と剰余価値である」というふうなしめくくりをおこなって、そのあとに現代資本主義社会におけるプロレタリアートとブルジョアジーとの矛盾、そしてその解決はいかにあるべきかということがずうっと書かれている。この書き方それ自体のうちにだな、エンゲルスの、何というか、マルクス主義解説の一面性もあるわけだ。なぜならば、エンゲルス［において］は、十八世紀の空想的社会主義とマルクス・エンゲルスがうみだした社会主義との区別とつながりの歴史的関係はたしかに書かれている。だが、その場合ぬけているのは、ほかならぬマルクスが、ほかならぬエンゲルスが、どのようにしてそういうフランスやドイツ共産主義（十九世紀初めのね）、フランスやドイツのいわゆる共産主義と対決し、そしてその盲点をくぐりぬけ克服し新しい世界観をうみだしたか、そういうてめえ自身の思想的格闘の歩みがなんら対象化されていない。対象化というのは、反省され、そして書かれていない、ということなんだな。

マルクス・エンゲルスですら、やはり、はじめからいわゆる共産主義者ではなかったんだな。やはり、ドイツの現実に苦吟していた小ブルジョアジーの一人であったわけだ。その小ブルジョア急進主義者としてのマルクスがいかにしてプロレタリア自己解放の理論をうみだしていったか、その苦闘の過程、これがエンゲルスのあれにはぬけてるし、もちろんレーニンの「カール・マルクス」にも書かれていないし。こういう、マルクス主義というものがどのようにつくられたかというプロセスを反省しなおすということは、マルクス主義というものを結果的に理解するんでなく、マルクス自身とマルクスの歩みを自分自身のものとして主体的にとらえかえすことなんだ。そういう意味でだな、やはり、いま言った三つの本、『共産党宣言』、『カール・マルクス』、『空想から科学へ』というようなものを読んだならば、やはりマルクス思想はどういうふうにしてつくられたかということを追体験する作業を是非ともやってほしいわけだ。

しかし、そこに直接いく前に、レーニンの『国家と革命』というようなものを通してだな、マルクス主義の革命論、国家論というものがどのような闘いを通して、とくにフランスにおける階級闘争を通してうちだされていったか、パリ・コンミューンのところの周辺まで国家と革命の問題について書かれているけれども、そして将来の共産主義社会というものは一体何なのかということが簡単に書かれている、この『国家と革命』を読んでほしいと思うんだな。

だけども、そういう政治的な構造、これを史的唯物論的には上部構造とも呼ぶんだが（これはなぜそう呼ぶかということで、あとで説明するけれども）、そういう政治的なものは経済的な構造の集中的なあらわれなんだという意味において、やはり経済的な構造、資本主義社会における経済的な構造を勉強するためには、『賃労働と資本』、『賃金・価格および利潤』というようなものをさしあたりまず読んでほしいと思うんだな。『賃労働と資本』の場合には、マルクスの価値論がうみだされる以前に書かれたものであるのにたいして、『賃金・価格および利潤』というやつは『資本論』がうみだされたあとに書かれたものだから、やはり、価値論の展開、商品論の展開においてかなりの掘り下げが違うというわけで、『賃労働と資本』という方だけをやってだな、『賃金・価格および利潤』の方はやらねえというのではまずいわけだな。原則としては同時的にやる、ということなんだな。どっからやるかというと、『賃金・価格および利潤』の方にかんして言うならば、最初の五章は、あれは付録みたいなもの、これは哲学的には下向分析的過程の叙述なんで、六章（多分六章だと思ったけれども）、六章以後、「われわれは何をもって始めるか」てなわけで始まるとこだな、そこから以下が上向的な展開というふうにいわれるとこであって、そこから以下が価値論のイロハだ。だから『賃労働と資本』とつきあわせて一緒に勉強するのは六章以下に直接入っていっていいと思う。

ま、そのような最初に三つあげたもの、それから『国家と革命』、それから経済構造のイロハを理解するためのほんの初歩として『賃労働と資本』、『賃金・価格および利潤』ぐらいを読む、と。まあ、その近所になったらばだな、やはり、「ソ連はおかしい」とみんな言うけども、一体どこがどうおかしいのか、「反スタ」だとか「スターリン主義」だと言うけどもあれは何だ、というような疑問がおこってくるに違いないから、『国家と革命』を読むのにつなげてだな、トロツキーの『裏切られた革命』（これは論争社という本屋からしか出てない）、『裏切られた革命』をやはり読んでほしいと思うんだな。

大体これぐらいをまずもって読むと、大体、ははーん、古典的なマルクス・エンゲルスのものはこうなのか、そしてこういうのがだな、大分狂っとるな、ああマル学同がやってるのも半ば俺の実感になる、というぐらいなところにまでなるはずなんだな。そこまでならないと、やはりつっこみが足らないということになるだろう。(笑)

Ⅱ　マルクス主義における「哲学」

さて、そういうことからしてだな、この第一段階をくぐりぬけたら、自分自身でマルクスの哲学、経済学、革命論を全体的につかむための作業を、部分的であろうが何であろうが、しっかりやっていかなきゃならない。

まず、「哲学」という言葉なんだけども、哲学とは何ぞやということを説明するほど難しい学問はないんだよ。哲学ということを説明しちゃうのはいいけども、「哲学」という言葉だな、この言葉は一体何なのか。マルクス主義における「哲学」という、マルクス主義哲学か、まず「マルクス主義哲学」と称してだな、「弁証法的唯物論と史的唯物論」ということが言われているわけだな。一体、弁証法的唯物論とは何なのか、史的唯物論とは何か、弁証法とは何か、唯物論とは何かなんかで、クルクルパーになっちゃうと、もうすでにまずいんだな。だから、僕たちとしてはだな、そういうふうに教科書化され教程化された「弁証法的唯物論」という名のソ連の哲学――これは「弁証法的唯物論」というのを僕たちも使う、使うけども、ソ連において教科書化されたようなかたちのものを言うわけではないんだが――そういう、この形骸化された形式化され教科書化された哲学、「マルクス主義哲学」というものから入ることを僕たちは拒否するわけだな。

もちろん、それ、読んじゃ悪いというわけじゃないんだな。まあ、本屋さんに行くとだな、『弁証法とは何か』とかな、『弁証法入門』、『弁証法とはどういうものか』と、それから、まあちょっとこう、ふらふらっとするようなものがあるんだよ。これ読んでるとみんな解説してくれそうだなという本の題名がね。またそういうふうに本の題名をつけるわけだ、売れないから。（笑）しかしだな、そういうものに惑わされちゃうとまずいわけだな。で、さっき言ったように僕たちはそういうものにやらないで、マルクス・エンゲルスの思想がどのようにしてうみだされてきたかのプロセスを追体験するやり方をまずやるべきだ、というふうに言うわけだな。

しかし、初期のマルクスの本を直接読むのはきわめて難しい。だから僕たちはそれをいろいろな手引きを通して読まなければならないんだけども、さしあたり、マルクスの伝記的なものとしてだな、伝記というと語弊があるし怒られるけども、ルフェーヴル、アンリ・ルフェーヴルという人がいるわけだ。これは一九五八年にフランス共産党の指導部を批判して翌年除名になったフランスにおける哲学者だな。アンリ・ルフェーヴル、この人の『カール・マルクス』という本があるんだ。出てるところは、ミネルヴァ書房だったかな、法律文化社だったか、どっちだったか忘れた、京都の本屋だ。ミネルヴァ書房かな、『カール・マルクス』〔ミネルヴァ書房、一九六〇年〕というこのルフェーヴルの本を読むことがいいだろうと思うな。あるいは、大月書店から、これは伝記だけどもな、大月書店から出てるメーリングだな、フランツ・メーリングの『カール・マルクス』〔一九五三年〕上下二冊で、でっかい本だ、『カール・マルクス』。それからリヤザーノフの『カール・マルクス』〔南宋書院、一九二八年〕の伝記は今は出てないやな。大体、このルフェーヴルの方は、哲学形成に重点をおかれて、この本それ自体がルフェーヴルの哲学の表現であり、したがってルフェーヴルの哲学の欠陥をも同時にあらわしているんだけども、しかし、初歩的な入門という場合にはだな、マルクスの全体的な思想はどういうものなのか、ということを漠然と知るためには、そのルフェーヴルの『カール・マルクス』という本ぐらいは、まあ、まず読む。そして、それを読むことによって全体の輪郭がほぼつかめたら、やはり、マルクス・エンゲルスの古典的な……〔テープが途切れている〕

もう一度くりかえして言うとだな、ルフェーヴルの『カール・マルクス』あたりを読んでだな、漠然とマルクス・エンゲルスの思想の歴史的な過程が分かりかかったら、古典的な著作、さしあたりまず『ドイツ・イデオロギー』あたりを読む以外にない。この『ドイツ・イデオロギー』は、やはり、マル研やそういうところでじっくり読んでいった方がいいと思う。その先は、まあ必然的に、それ以前に書かれた『経済学＝哲学草稿』、『ヘーゲル法哲学批判序説』、『ユダヤ人問題』というような、いろいろなその当時のマルクスの著作があるけれども、最初にそれにあんまり拘泥しない方がいいと思うから、さしあたりまず『ドイツ・イデオロギー』というやつを踏み台とする以外にないと思う。この『ドイツ・イデオロギー』を読むために念頭においておかなければならない諸問題についてだな、簡単に話しておこうと思う。

いうまでもなく、マルクス主義というやつ、マルクスはだな、最初からマルクス主義者であったわけではない。しかし、マルクスはドイツの、あのドイツの惨めな現実を変革しようという、そういう情熱においては、やはり青年マルクス、すごいものだったらしい。彼はすごい情熱家だから、おんもしろい詩があるよ。『マルクス・エンゲルス全集』に載っているけども、珍無類なんだけどな。ま、恥ずかしくってしょうがないものも載っかっている。そういう、このマルクス、小ブルジョア急進主義者としてのマルクスが、いかにしてマルクス主義者としてのマルクスへ、要するに新しい世界観の構築者としてのマルクスへ脱皮していったか。このプロセスというのはひとつの学問的に追求されるべき対象であるわけで、これをほじくりまわすのを「講壇マルクス主義者」と言うわけだ。そりゃあ、そういうのをほじくりまわしたって、月給はくれるだろうけど革命のためには役立たないから「講壇マルクス主義」と言うんだな。

講壇マルクス主義的な勉強のしかたをやったって、何にも役に立たない。なぜマルクスがマルクス主義者になったのか。いいかえるならば、マルクスだってぼやぼやしてりゃあな、マルクス主義者にはなれなかったわけだ。（笑）大体、そりゃまったくおかしなことなんだけどもだな、われわれだってだな、まあ、きょうはマル研というのがあるからというので来たわけなんだけども、そのあと、「やっぱりこんなの勉強するのはしんどいや、珈琲屋に入って音楽でも聴いてて世間話でもやっている方が楽だ」というふうにぼやぼや、ぼやぼややってたらね、これはまた元の木阿弥になっちゃって、そのうち資本主義社会の機構にはめこまれていって、なんつうか、電子計算機の穴でもあけて入れて頭がノイローゼになって自殺する、てなことになりかねない。（笑）そういうような状態におちいらないためにはだな、やはり、ぼやぼやしてちゃ困るわけだ。実際、僕たちもぼやぼやしてたからな、「反帝・反スターリニズム」という看板を掲げているけども内容がまったくないブクロ官僚をうみだしてるわけだ。まったく、ぼやぼやしていないつもりなんだけれど、事実はぼやぼやしている、と。これが人間の悲劇的なところなんだな。（笑）

若きマルクスの疎外論

はじめて自分自身の外に自分自身とは違うものを見いだす、こういうのを「疎外」と言うんだけどな。自分自身の外に自分自身とは敵対するものを見いだしてはじめて驚いて、こりゃ大変だ、まあ予感はしてたけども、そういうかたちになる、と。こういう、この構造をはじめて唯物論的に把握したのがマルクスであったわけだ。しかし、マルクスが考えだしたわけではない。すでに、マルクスの先生というわけじゃないけども、ヘーゲルという哲学者がいたわけなんだけども、このドイツ観念論の集約をなすヘーゲルの哲学体系というのは、そういう疎外の理論によってつらぬかれているわけだ。「疎外、疎外」というのはこの頃、耳にするだろうし、実際「疎外」という題のつく本がよく売れる。それほどまでに読者は疎外されている（笑）ということなんだがな。実際、ルフェーヴルの、俺は聞いて驚いたんだけども『総和と余剰』という本があるわけだな。伝記まで含めた面白い本なんだけどな、じっくり読むと。六冊あるわけなんだ。その六冊のうちだな、『疎外と人間』［現代思潮社、一九六一年］という本が五巻かなんかにあるんだけども、その『疎外と人間』だけ再版になる、と。（笑）そういう「疎外」ブームというか、字のブームだな、なんか「疎外」という題名の本をかかえていると、自分が疎外から解放されたように錯覚する、そういう精神的な疎外状況が、いま普遍化している。（笑）そういうんじゃまずいんであって、なぜ疎外というようなことが言われるかということを根本的に反省しなきゃいけない。

まあ、疎外について言っておくとだな、最近いろいろな、『前衛』とかな、『唯物論研究』とかいろいろな雑誌に疎外論が載っているけども、奴らの理解している疎外というのはきわめて珍無類だよ。これは分類して表に［する］、暇があったらね、そういうことをやってもいいと思うんだけども。誰は、どういう疎外をどういうふうに理解しているか、或る者は「駄目になる」と理解し、或る者は「プロレタリアのようになること」というふうに理解するし、或る者は「生産物から人間がきりはなされている」ということに理解したり、とにかくデタラメだよな。どういうふうにして、そういうデタラメなのがでてくるかというとだな、疎外論がわが国においてとりあげられはじめたのは、すでに一九四八年からなんだ。これは、そういう仕事を積極的にやりはじめたという意味において、やはり、田中吉六という人の業績は消しさることはできないものなんだけども、この田中吉六という人が、日本においてマルクスの疎外論の解釈を戦後において初めてやったわけだ。その当時、つまり四〇年［代末］から五〇年にかけては代々木は「修正主義」というレッテルを貼っていた。だけども、そういう問題について「修正主義」というレッテルを貼ったのはただ一人、森信成という当時の頑固派スターリニスト、今日の構改派、こういう森信成というような人がひとりレッテルを貼っただけで、その他に木偶坊《でくのぼう》の哲学者が沢山いたけども、疎外の「そ」の字についても言わなかったわけなんだな。

ところが、スターリン批判以後、五六年、つまり五八年以後ようやく――大体ヨーロッパにおいて盛んになったのが五八年だ、日本より十年後れているな――、その五八年あたりに、ヨーロッパとくに西ドイツのカトリックの哲学者諸君がだな、マルクスのそういう草稿をぐじゅぐじゅ、ぐじゅぐじゅぐじゅ勉強しはじめた。それにたいして東ドイツの頑固派スターリニストがね、批判を開始した。そういう、ドイツにおけるマルクスの疎外論をめぐる論争というのがなされたということをひとつの背景としながら、大体一九五九年から六〇年あたりにかけて、ようやく疎外論が講壇マルクス主義者のあいだでぽつりぽつり喋りはじめられたわけだな。そして二、三年前から今年にかけて疎外論にたいする批判がはじまるわけだ。これ、なぜか、と。

代々木の系統をとらえると、五〇年頃、田中吉六にたいする「実存主義的修正」の批判があった。ところが今日の代々木は疎外論にたいする批判をやっている。〝批判、批判〟だけが彼らのやっている仕事だ。しかも、その批判のしかたにも狂ってくるわけだな。十年前には、初期マルクスの疎外論というのは「科学的に徹底しない未熟な理論」だ、というふうに一蹴りにしていたわけだ。ところが今日の代々木というのは決してそうは言わないんだよな。「やはりこれは、マルクス主義が形成されるための一里塚であった、しかしこれは経済学、マルクス経済学へとアウフヘーベンされていった」、こういうふうにだな、すかして書いてるわけだよ。しかし、実質上はこれはね、経済学のなかに完全にアウフヘーベンされていった「ということだ」。揚棄あるいは止揚、そのなかに「揚棄」という言葉はね、半分というわけじゃないんだけども、ポジティブな積極的な要因をくみあげ否定的な側面を捨てる、そういうのがAufheben《アウフヘーベン》という言葉なんだけども、日本語にはちょっと難しいんで、「止揚」、止め揚げるとかな、揚げて棄てる、「揚棄」とかいろいろ訳語されている。とにかく「経済学のなかにアウフヘーベンされた」というふうに言うけども、実は経済学のなかに初期マルクスの哲学的な理論は解消、無くなる、解消された、というように理解しているわけだな。

なぜ今日こういう疎外論への批判というものがなされているか、ということを見なきゃならない。これは、われわれの反スターリニズム運動という運動が進められてくることによって疎外論ということがあまりにも有名になったんだな。ジャーナリズムで有名にしたことは一度もないよ。これは学生諸君の口をつうじて有名になったんだな。それをやっぱり無視するわけにはいかないというんで、何というか、アメリカのパッペンハイムとか何とかいう翻訳「『近代人の疎外』岩波新書」を出してみたりな、それから西ドイツにおける論争を紹介したりしてだな、ちょこちょこ、ちょこちょことやっている。実際、彼らの疎外論研究というのが実際あるのかというと、ほとんどまったくなし。これはできないんだよな、本来的に。なぜかというならば、彼ら、いわゆる代々木の御用理論家たちというのは、一切のものは客観的世界の反映によってうみだされるんだ、われわれの頭脳のなかにあるのは、すべて人間の外なるものの反映によってうみだされたものだ、と。主体、人間主体というのも客観的世界のなかにおかれているんであって、頭のなかにあるすべてのものは客観的世界のなかからうみだされるものだ、と。

これはねえ、原則としてはそうなんだよ。しかしだな、われわれが注意すべきことは、それは客観的なものからすべてのものがうみだされるには違いないけれども、やはり、それはエンゲルスが言うように頭脳を通らなければ駄目なんだ。われわれの頭脳を通してはじめて映しだされるわけだな。ところで、この頭脳が石頭だったらどうなるか、あるいはこれが豆腐のようなやっこい頭だったらどうなるか、ということぐらいのことは、すぐ分かるはずなんだ。石頭は石頭らしくに反映し、柔軟なやつは柔軟らしく反映するわけだ。実際、一冊の本を読んでもだな、頑固派スターリニストは歪んでやる。たとえば岡田新［清水丈夫］にむかって「おめえのは鏡反映論だけど歪んだ鏡だ」と言ったら「おおそうかい」と言ったけどな。（笑）鏡だって歪んでいる場合だってあるわけだ。安い鏡というのはね、人間の顔がケチに映る、と。（笑）それはもう原則なんだよな。だから、主体的なものと客体的なものとの統一において認識はうみだされる、これはイロハの金平糖なんだな。

ところがだ、彼らの認識論というのは、ただモノを反映するという意味で唯物論でなく唯物《タダモノ》論と、こういう悪口があるわけだ。唯物論でなく、タダ‐モノだけを反映する理論、唯物論（タダモノ論）というふうにやるわけだな。反映するにはどのようにしてやるか、反映する場合の構造は一体どうなのか、ということを同時にだな、やらなきゃいけない。前者、つまり反映、モノを反映する、人間の意識の外にあるものを反映するということだけを言っているとタダモノ論になるけれども、いや、「反映する側の主体の構造をやれ、やれ」と言うと、これは主観主義になる。だから、誤謬というのはつねに一面化の誤謬なんだけども、そういう主体と客体とのあいだにおいて認識は成立するんであって、反映する主体の問題は反映される対象との関係において立体的につかみとらなきゃならないわけなんだな。

そういうふうに認識の問題をとらえなければならないということは、そもそも人間は客体と主体との関係を物質的にとり結んでいる、つまり人間は客観的なものを食い、消費し、生きているわけだな。この、物をつくりだすというのが根本的であって、これを労働というんだよな。労働というのは、人間が自然に働きかけて自然のなかから食う物を、直接的には食う物を、着る物をつくりだして、そして住む場所もつくりだしてくる、こういうのが労働というわけなんだけども、この労働というのは、主体の客体への働きかけであり、客体の主体への転化という、そういう構造をなしているわけだな。そういう労働をやってくることを通して、人間の知能が発展してくる。そして労働主体というものが同時にものを考え認識する主体、つまり認識＝実践主体というふうに人間それ自体が発展してくるわけなんだ。そういうふうにとらえているならば、われわれはタダ‐モノ論――ただモノをつかみとる、あるいはこれを鏡的反映論というふうに言うんだけども、そういうタダモノ論とか鏡的反映論というのは、実は素朴反映論、十八世紀の機械的唯物論者の考えとなんら選ぶところがないわけだな。

そういうこの認識論に、今日のスターリニストの哲学、代々木のやつ、あるいはソ連圏のやつは、そういうタダモノ論的な傾斜をしめしているわけなんだ。いいかえるならば、その場合には認識すべき主体そのものの認識［がぬけている］。人間は外なるものを認識するだけでなく、自分自身を認識することができるわけだな。これは自己反省とかいうふうに言うわけだけども、たんに外なるものを反映するだけでなく自分自身を対象として反映する。自分自身のやってきた過去のことを思いだし、ああこれはまずかった、この時サボったのはまずかった、この時なぜダウンしたかってなふうに反省するだろう。こういう自分自身を認識する能力をもっているわけだ。ここが人間の独自性であるわけなんだが。

たとえば、キューバ問題で「みんな憤激した、それ、起ちあがれ」と言う。ああいうのはねえ、ワンちゃんと違わないんだよ、条件反射の犬とな。（笑）ところがだな、俺たちはああいうキューバ問題というのをだな、コムニストとして反映するんだよ。だから、ああいうことを、取引をやっているのはなぜか、あれは平和共存政策の一環としてああいう［取引をする］、同時にだな、武力的なものをやるんだ。このぐらいのことはすぐぱっぱっと分かるわけなんだな。そういういわば二次的な反映な、そういう対象的認識でなく自己認識、これを自覚ともいうけども、そういう自分が自分自身を見ることができる能力を人間はもっているわけだ。この能力は一体何なのかということをやるのが、実は認識論であり、マルクス主義における哲学の領域をなすわけなんだな。このことを一九四七年に提起したのが梅本克己であり、一九六二年に提起したのがジャン＝ポール・サルトルであるわけだな。

そのようにだな、やはり、戦後日本唯物論のあの闘いというのはな、簡単に捨てるわけにもいかないし、あるいは表面的に受け継ぐわけにもいかないわけだ。たとえば、興味のあるサルトルなんて好きな人が沢山いると思うけども、サルトルの一番新しい『弁証法的理性批判』の初っ端の序説、翻訳では『方法の問題』〔人文書院、一九六二年〕というふうにして訳されているあの本を読んでみれば分かるように、あそこでは、十何年前にわが梅本克己が提起したところのことと表現は違うけども、いや表現までも似た恰好でだな、実存主義とマルクス主義哲学との交叉点、その接点――この頃はやりだけどな、「大衆との接点」てなこと（笑）――、しかし実存哲学とマルクス主義哲学との接点、こいつをだな、提起しているよ、サルトルがな。そういう接点を通過しない人が、実は大衆との接点をつくりだせないわけだよ。サルトルのようなものをやはり読まなきゃならないというのはだな、実存主義的な傾向、自分自身を実存主義と自称していなくても、やはり、そういうような思想傾向におちいっていくわけだよな、現代人は。

だからこそ、実存哲学というものが存在しているわけなんだが、そういう無自覚的な実存主義者というかな、そういう無自覚的な実存主義者というのが、ほかならぬマル学同がオルグしたりアジテーションやる場合の対象であるわけだな。だから、そういう無自覚的な実存主義者、つまり素朴な人たちということだよ、そういう素朴な人たちをだな、革命的な人間にぱくってくる、そういう思想闘争をたえずやってるわけなんだけども、その思想闘争をうまくやり、彼らを高めると同時にわれわれ自身を高めるという作業をやっていくんだが、そのときにもやはり、そういう闘いの理論的な表現としてだな、サルトルの実存哲学との対決なんかを右の目で見ておく必要もあるわけだ。

ま、ともかく、そういう主体的な問題というのを、彼らは分からない。だから話を元に戻して、若きマルクスの疎外論をたとえやったにしても、何を言おうとしているか、さっぱり分からんのだな。ただたんに、あそこでは労働が疎外される、そうすると生産物が労働者から逃げていっちゃう、こういうのを類的存在、種属存在が疎外されている、とかなんとか説明する。

そういうマルクスが書いた字づらをたどることを彼らはできるんだけども、その字づらの背後にあるマルクスの思想そのものを決してつかみとることができないわけだよ。だから、そういう文献解釈学というかな、そういう文献解釈学に僕たちがおちいるんでなく、僕たち自身がだな、たんに資本制的な疎外にたいしてでなく、労働戦線の内部にうみだされているところのさまざまな、社民的な疎外だとかな、あるいはスターリニスト的な疎外というものとの対決をつうじてだ、自分自身を本当に鍛えあげていく。そういう意味においてもだな、疎外論というのは適用されなきゃならないわけだ。たんに、疎外というのはプロレタリアが疎外されているというふうなんではなく、いやそれが原基的な本当の根本的なかたちなんだけども、そういうプロレタリアの疎外——これは簡単にいってプロレタリアの疎外というのは、要するにだな、労働者が労働者づらをしている、人間づらをしているが、しかし商品として扱われる、そういう状態のことをプロレタリアの疎外というんだが——、そういう疎外を基礎とし、それを軸としながらだな、そういう疎外を克服するための闘いの過程に発生した種々の歪み、これをもわれわれは同時に克服していかなければならないわけなんだ。

そういうふうに問題を提起すると、「プチ・ブル的だ」とかな、「一切の経済的搾取を隠蔽し、問題を人間論にねじ曲げ歪め縮めてしまう修正主義」というようなレッテルを貼るのが代々木なんだけども、しかし一体、あの一九五六年のスターリン批判にたいしてさっぱり何も言えなかった、いや言えないだけでなく、こそこそ、こそこそ逃げてまわっていた。そういう連中がだな、今日「疎外論を云々するのは小ブルジョア的なヒューマニズムへの転落だ」というふうに言うけれども、彼らは小ブルジョア的なヒューマニズムの観点からさえもだな、スターリンのいろいろな罪業にたいして批判はできなかったんだよ。沈黙していたんだ。そういう自分自身の過去にほっかぶりしている。そして、日本反スターリニズム運動、その現象の一つが全学連の運動なんだが、そういう反スターリニズム運動によってうみだされた、うみだされつつある新しい思想的な流れ、そういうものにたいする反撥として、彼らはさまざまな批判をおこなっているわけなんだが、それがまったく表面的なものにすぎない。なぜそうなるかというと、さっき言った『経済学＝哲学草稿』の把握のしかたもまったく文献解釈主義的な字句のほじくりまわし以上のもの、いや、字句のほじくりまわしも代々木はやらないんだが、ただ悪口だけしかやらない。そういうことからしてだな、主体性の問題がまったくぬけていく。

われわれとしては、そういう『経済学＝哲学草稿』にしめされているマルクスの経済学＝哲学的思想の小ブルジョア的な歪曲（こりゃ、たしかにあるんだよ）、こういうものにたいして断固たたかうと同時にだな、そういう哲学というものはたんに哲学としてとどまっているだけでなく、それが経済学の研究のなかに、そして革命論のなかに、どのようにつらぬかれているかということをだな、具体的に分析することをつうじて、あるいはわれわれ自身がそういう立場を経済学や革命論に貫徹させることによってだな、彼らが言っていることがいかにナンセンスであるかをしめしていかなければならないわけだ。

まあ、疎外論という、疎外とは何かということを詳しくやるわけにはいかないけども、とにかく、そういうマルクスの『経済学＝哲学草稿』にあらわれているプロレタリア解放の理論、これは要するに、プロレタリアの労働がいかにパーになっているかということを分析したわけなんだけども、その労働論にふんまえることによってはじめて、マルクスの実践論――この実践というのは、たんに技術的実践あるいはたんに社会的階級的実践をいうのではなく、その両者を含んだ革命的な実践そのものをいうんだけども――、この革命的な実践論が確立されてゆくわけなんだ。

これは、一八四六年のかのフォイエルバッハにかんする十一の『テーゼ』、これは『ドイツ・イデオロギー』の付録に（付録というか、いろんな前に載ったり後ろに載っているけども）、『ドイツ・イデオロギー』という本に載っかっている。これは短いけども、かなり難しいんだな。これはやさしく読もうと思えばやさしく読めるんだよ。しかし、ほじっていくとさっぱり分からない。「従来の一切の直観的唯物論は、フォイエルバッハのそれを含めてだ、対象、現実、感性を実践的な活動としてとらえていない」というような簡単な言葉なんだけども、要するにここんとこで重要なことは、対象的世界も、てめえ自身、主体も、ともに歴史的に発展していくんだという思想だ。主体も対象もともに歴史的に発展していくんだ。なぜ歴史的に発展していくかというならば、それは主体と客体、原理的には、主体と客体の関係、このことは労働なわけなんだけども、主体と客体との関係をつうじて歴史の法則性はつくられていく。そういう意味においてだな、対象（自分の外）、および自分自身、現実というのは、そういう自分たちがおいてある存在社会をいうんだ。対象、現実、そして感性という場合には僕たちの、認識の主体のことをマルクスは言いあらわしたかったわけなんだけども、そういうすべてのものが歴史的に発展し、その歴史的に発展する根拠は何かというと労働にあるんだ、ということをしめしたのが、その『フォイエルバッハのテーゼ』であるわけだな。

史的唯物論の基礎としての労働論

こういうことからしてだな、マルクスの『ドイツ・イデオロギー』で展開されているところの唯物史観、これは労働という問題を軸に展開されている。このことが非常に重要なことなんだな。なぜこのことを言うかというならば、さっき言ったように、「史的唯物論」とか「弁証法的唯物論」とかいう題名の本がそこいらに転がっている。てっとり早いからあれ読もうといぅんで読んでみれば分かるように、ソ連製の史的唯物論というやつは、そういう、社会が何によってささえられ、どのように発展していくかの原動力についての把握がまったく欠けてるわけだ。

スターリニスト的な発想法というのは、こうだよ。「社会の決定的な要因は何だろうか、地理的要因だろうか、人口だろうか、いやそうじゃない、生産様式だ」、これが一番最初に出てくるんだよ。そんなことはね、結論的に分かってくることであってだな、なぜマルクスが労働に「基礎をおいたのか」、そして労働の総体的な表現が生産ということなんだな、社会的生産。この社会的生産というのも、理解のしかたもスターリニストと僕たちとは違うんだな。スターリニストの場合の生産は子供を産まないんだよ、僕たちは産むんだな。その生産というやつも、自然にたいする働きかけによる食う物をつくること、そしてこの食う物をつくるのとはほかにだな、労働力を再生産するためのだな、人間の生産。これは動物のように産みっぱなしというわけにはいかないよ。やっぱり育てなきゃな、教育して育てるまでも含むんだよ。産みっぱなしという意味でなく、人間の生産、全部ちゃんと革命家にまで育っていくまで含んでいるんだよ。（爆笑）そういうこの二つのものをもってんだけれどもだな、スターリニストの場合の生産というのは、ただ物質的財貨の生産、物をつくる、物をつくっていればどうにかなるだろう、というのがスターリンの基本的な考え方なんだな。物を豊かにすればどうかなる、安かろう、悪かろう、多かろう、悪かろうというのが彼らの原則だよ。

そういうふうにだな、社会の根本的な原則は何かというのを決めるやり方も、さっき言ったような地理的要因だとか人口なんかをごちょごちょ、ごちょごちょやって、実はそうじゃない、生産様式だ、というようなことをやりはじめる。しかし、マルクスの『ドイツ・イデオロギー』を、諸君、読みかえして、読みはじめてみれば分かるようにだな、さしあたり前の方なんかとばして、くくっていけば分かるけども、「歴史」という言葉が題目で、あの題目それ自体が問題なんだけどもな、さしあたり、今日の現行版で「歴史」という題目のあるところから、まあ読んでみてください。そうすれば、社会がいかに労働によってつくりつくられていくかということが書かれているからな。

さしあたり、史的唯物論というのをどういうふうに「とらえるか」。奴らとわれわれ、奴らというのはスターリニストの、いや、いわゆる公認のソ連製史的唯物論のことを言うんだが、そういう史的唯物論のまやかしの原則はだな、そういう労働論、生産論が軸になっていないということなんだ。なぜ軸にならないかというとだな、『ドイツ・イデオロギー』における史的唯物論の形成それ以前のマルクスの哲学、さっき言った『経済学＝哲学草稿』に展開されているマルクスの労働論、しかもプロレタリアの労働、資本主義社会における労働の具体的な形態の分析をつうじて同時に人間労働の本来的なかたちを分析した、そういうものがネグられている。だから、何というか、史的唯物論が形骸化されてしまうわけなんだな。たんに、そういう原理的な生産の概念がパーであるだけでなく、必然的に同時にだな、生産力とか生産関係とか生産手段とか労働手段とか、さまざまなカテゴリーが、すべて似て非なるエセ的なものに転落しているわけだ。こういうのを未だにだな、スターリニストの諸君たちは何にもやっていない。

スターリニストのそういうすべての史的唯物論のカテゴリー――カテゴリーというのは基本的な概念のことを言うわけだな、生産力、生産関係、労働手段、労働関係、あるいは技術関係とか、上部構造、下部構造、国家とかさまざまなカテゴリーがあるわけだが――、そういう基本的概念は形式的には似ているけど内容的にはまったく違う。そこで僕たちはソ連製の史的唯物論はおかしいというふうに批判すると、代々木の連中はそれに一切こたえない。それで、「横柄だ」とかな、「思いあがっている」とかな、形容詞をつけるわけだ。（笑）だけれども、それじゃ批判にならないわけだ。実際、僕たちは切りさいているわけだ、奴らの概念がマルクスの、エンゲルスのとは狂っている、と。実際こうしなきゃ生産力を上げるための闘争には役立たない、というようなことをはっきりしめしているにもかかわらず、はっきり言わない。

ま、とにかく、今日では代々木のお先棒を担いでいる犬丸義一と芝田進午がだな、僕がかつて書いた『経済学と弁証法』*という本、「あれは基本的に問題提起は正しいと思う」とこういうふうに言ったんだよ、五八年の秋だったかな。「だけどね、中共帰りのあんたがだ、トロツキストの本を誉めるというのはおかしなことじゃねえか、それ宣伝してやるぞ」と言ったけど、変な顔していたけどな。そういう、なんて言うかな、彼らとしてもだな、芝田進午なんかこう言うよ、「お前はトロツキストだけども、『社会観の探求』だけはいい」と。（爆笑）だから、「あれの仕事をやって政治運動なんかやめちまえ」と、こういうわけだな。まあ、そういうのが法政の芝田進午なんだよ。

＊　人生社、一九五六年。『現代唯物論の探究』（こぶし書房）に収録。

だから実際のところだな、彼らはスターリンのやった史的唯物論の偽造・歪曲というものにたいする批判がほとんどできない。やってないわけだな。やったのが、たとえば二、三年前の秋に、榊利夫、これもまた中共帰りの若い人で、「上部構造と土台」とかという珍な論文が載ったろ、あれ一つ以外に未だにそういうカテゴリー論がない。できないんだな。問題提起それ自体が間違っているからな、解決ができない、これマルクスの『経済学批判・序説』に書いてある原則なんだけども。これは、問題提起が間違っているからアプローチもできない、ということは当然なんだけども、彼らがやっていることは生産力と生産関係とはどう照応するか、照応の法則があるかないか、こういう次元の論争なんだな。あるいは、そういう生産力と生産関係との関係と、社会的存在が社会的意識を決定するその関係はどうか、そういうふうな問題意識なんだな。だから、さっぱりうまくいかない。それもそうなんだそうだよ。

ソ連においてそういう史的唯物論なんかを勉強している人たち、これはコンスタンチーノフのような哲学バカセなどは除いてだな、モスクワ大学の大学院なんかで勉強している人というのはね、一つの部屋を与えられる。そうすると、その部屋にはね、マルクス・エンゲルス・レーニン・スターリンがごっそり並んでいるわけだ。さて研究しなさい、と、こうだ。そうするとな、何らの問題意識もなくそういう本に対決すると解釈学になる。そうすると、あれはどうだろう、しかもノルマ制だ、だから長く本を書く、ぶ厚い本を書く、というのが今日のソ連における学問の量的ふくれあがりに反比例した質的低下（笑）というのがな、不可避な現象になっているわけだ。ま、ともかくとして、ソ連におけるスターリンおよびソ連の御用学者どもによる史的唯物論の偽造・歪曲というものは、『何を、どう読むべきか?』にある史的唯物論の章に列挙してあるけども、それだけじゃなかなか難しいわけだ。とにかく、こういうごまかしがあるんだな、ということを念頭におきながらだな、じゃあ一体、これをどう理解すべきか、ということが諸君自身のこれからの仕事であるわけだし、そして一番はじめにマルクス主義の本質を理解するためには、やはり、史的唯物論からはじめることが一番いいと思うんだな。

だから、一番はじめに言った『共産党宣言』は史的唯物論の観点から書かれたものだ、と。これを理論的に深めるためには、やはり『ドイツ・イデオロギー』を主体的に読んでいかなければならない。しかし、これがなかなか難しいというわけで、やさしい入門書を読みたがるというと、すぐパンクしちゃう。変なものを読むとなかなかそれから脱けきれないということだから、やはり、少しぐらい難しくてもだな、じっくり自分自身で考え、そして友人と討論しだな、それで自分自身の立場を決めてかからなきゃならない。この史的唯物論の基礎的な範疇、カテゴリーを把握しておかないと、現代労働運動が直面しているいろいろな問題、たとえば合理化の問題だとかな、それからソ連論をやる場合でもだな、ソ連の今日の政治経済構造は一体何がどういうふうに歪んでいるのか、ということを解明することもできないわけだ。だから、さしあたり『ドイツ・イデオロギー』あるいは『社会観の探求』なんかを参照しながら、それを一発やってゆく、これが基礎的なことなんだな。この史的唯物論というのは、とにかく社会の弁証法的な見方というぐらいに、簡単にさしあたりつかんでおけばいいわけだ。社会はどのような原因で発展し、どのような仕組みをなし、そしてそれは何処へいくか、というようなことを展開しているのが史的唯物論だ。

社会だけを弁証法的につかむんじゃあなく、自然それ自体が弁証法的な自己運動をなしてきたんだということ、そして物理学とか化学とかいうような学問の対象になっているそういう物理的・化学的な運動形態というふうに呼ぶけども、それらもまた弁証法的な形態転換をとげている、というようなことを一般的にとらえる学問を自然弁証法というわけだな。「自然弁証法」という言葉それ自体も解釈がいろいろあるけれども、僕としてはだな、史的唯物論が社会の弁証法的な把握であると同時に、同様に、自然の物理的・化学的な、そして生物的な運動諸形態の弁証法的な把握をめざすのが自然弁証法だ、というふうにとらえていいと思うんだな。

このように、弁証法的に発展する自然、社会、でっかく言っちゃってな、要するに、自然史の過程、僕らの社会というのも一つの物質的な過程であり、自然史の最高発展段階をなしているわけだ。こういうものだったろうが、元は自然的な「目《もく》」だったし、僕たちの肉体だって、これはもともと分解していけば物理的なものに還元できると同時にできないんだが、そういう、できると同時にできないというような構造をつかむのが弁証法というんだな。この弁証法というのは、さまざまな教科書に書いてあるというようなものでもあるわけなんだな。レーニンは「対立の統一」、「量から質への転化」、それから「否定の否定」のようなものを「弁証法の基本法則」というふうに言ったんだけども、そういう「弁証法の基本法則」というのをアットランダムにつきだしただけでは、しかし、弁証法そのものの説明にはならない。そして、今はそういう論理学として高めていくことが必要だというのが、戦後の世界の唯物論学会の問題であったわけだ。

ところがだな、ここでまた、横やりがスターリンから入れられる。まあ、もともとスターリンの哲学体系には頭の働きがどう動くかということが書かれてない。そこで、頭の働きを論理学的に定式化したのが形式論理学ですよ、と。それで、形式論理学とスターリン弁証法の平和共存というのが、一九五一、二年に発生したわけだな。今まで「形式論理学とは敵階級のイデオロギーであり、階級支配の武器である」というふうに一九三〇年代の教科書には書いてあるんだよ。ところが、一九五〇年のスターリンの『言語学論文』以来だな、形式論理学というのはDenken《デンケン》思惟（「しすい」と読む人がいるけれども、これ、「しい」だよ）、思惟の法則を明らかにしたんだ。「思惟とは全人類がおこなうんであり、思惟の法則を明らかにした形式論理学は、だから全人類的なものである」と、こういうようなご託宣が述べられると、全世界のスターリニスト哲学者諸君、右にならえ、右にならえ、というわけで（笑）平和共存させちゃったわけだな。で、今日までそれは続いている。

だが、平和共存させただけじゃまずいというわけで、ハンガリアのフォガラシというおじさん、この前死んじゃったけどな、まあ、爺さんだ、このフォガラシという爺さんは形式論理学の認識論的基礎づけということをやったけれど、敵の土俵のなかでごちょごちょやるというだけの話でな、形式論理学に認識論的な匂いをだな、漂わせているという仕事をやっただけで、死んでしまったわけだ。ところがだな、この形式論理学の原則に立脚した記号論理学が発展してくる。そして、記号論理学が電子計算機にこのまま適用される。そればかりでなく、エコノメトリックスなんちゅう学問ががりがりがんぐり発展してくる。ソ連の経済構造をだな、計画経済でやらなきゃいけない、そうすると、エコノメトリックスを輸入すべきだというんで、オスカー・ランゲのおじさんなんかがそれをはじめる。しかし、これを弾圧していいかどうか、よく分からない、というんでフルシチョフは黙っている。そうするとますます近経［近代経済学」がかえってきてマルクス主義経済学がマル近化する、と。（笑）近経がマル近と言ったり、近マルと、いろいろあるんだけどな、そういう、この混乱した状態がうみだされている。それにたいして断を下すべきか否か、しかし、それは分からない。とにかくはっきりしていることは、商品生産をますます開花させれば共産主義にいくという結論をオストロヴィチャーノフがだした。これが今日におけるソ連のめちゃめちゃな状況なんだが、そういうめちゃめちゃな状況というのを一つひとつほぐしていく武器が、実は弁証法であるわけだよ。

だから、その弁証法の理解というのもだな、教科書に書かれているということを通してやるよりも、やはりマルクス、さしあたりまず、これは難しいから、マルクス・エンゲルスの書いたものをつうじて、彼らの頭脳構造はどうだったのかということをつかまなければならない。その場合にだな、われわれとしては、晩年のマルクスが『経済学批判・序説』（これは『経済学批判』という文庫版に必ず入っていますけれども）、『経済学批判・序説』という百枚ぐらいの論文の中の「経済学の方法」というところ——しかしこれは難しいかも知れないけども、しかしこれは『マルクス主義の形成の論理』の一〇〇頁の、宣伝するわけじゃないけどね、一〇〇頁の図解があるからあれを指で押さえてな、読めば分かるようになっているんだけども——、そういう「経済学の方法」に展開されているところの認識過程の論理［をつかむ］。要するに下向・上向とか、この頃マル学同諸君、よく言うけどもな。下向というのは、要するにだな、物事の本質を見極めるために割っていく、分析していくということが下向と言うんだよ。これを「かこう」と読む人がいるけれども、「かこう」じゃないんだよ、「げこう」だな。そして、これは本質的なものをつかみとると同時に、その本質的なものから現実的なものへまい戻ってきて対象的現実の総体的概念把握をなす、というやつを「上向的展開」、あるいは「存在論的な展開」というふうな難しい言葉を使うんだが。これはマルクスの言葉でいえば、そういう「上向的展開は客観的な存在そのものの精神的再生産」というようなすかした言葉をマルクスは使っているけどな。そう言うことによって、ヘーゲルのああいう思惟、頭のなかで考えたことをすべて現実的なものととり違える、そういう観念論にたいする批判をマルクスがおこなったわけだ。

そして、こういう弁証法を駆使することによってはじめてマルクスの『資本論』はできあがったわけだな。そういう意味においてだな、まずもって『経済学批判・序説』のあの認識論というものをつかむ。それから、エンゲルスが『自然弁証法』だとか『アンチ・デューリング論』だとか『フォイエルバッハ論』というようなもので展開されていることをだな、まあ何というか、目をこすりながらよく読む。目をこすりながら、こすらなきゃならない所以のものについては、いずれ、諸君は自分自身で分かっていくだろう。エンゲルスは客観主義だということを覚えると、あっち行ってもこっち行っても「エンゲルス、客観主義、客観主義」、どこが客観主義かずうっと答えられない、ということの珍奇な事態がうみだされるから（笑）「エンゲルスは客観主義だ」ということはやはり、あまり言わん、と。自分自身で分かったときにはじめて、エンゲルスの哲学的客観主義というものを批判してもらうよりほかないわけだ。しかし、とにかく、マルクスの哲学とエンゲルスの哲学というものの把握のしかたが違うということを、まあ、ここで簡単に述べておく。

マルクスとエンゲルスの哲学の違い

エンゲルスの場合の哲学というのは、要するに論理学というふうにつかまえられている。対象を認識し、そして考える論理学、と。だから、エンゲルスが『アンチ・デューリング論』ならびに『フォイエルバッハ論』において「旧来の哲学から残るものは形式論理学と弁証法だ」、こういう言葉があるわけだな。そうすると、「形式論理学と弁証法」という言葉のもとに言いたかったであろうところのものは何か。「形式論理学」というのは、その場合には伝統的な形式論理学そのものであるというふうに考えるのは、スターリニスト・ソ連の御用哲学者であるわけなんだけども、エンゲルスとしては、「形式論理学」という名称のもとに、それが対象としているところの認識、頭の概念的な弁証法のことを言いたかったんだろうと僕は解釈しているわけだ。そして、あとの「弁証法」ということで、客観的世界そのものの弁証法的な把握を言いたかったんだろう。しかし、この「形式論理学と弁証法」というようなエンゲルスの使い方は、それ自体間違ってると僕は思う。これはなぜかというならば、直接的には、客観的世界の運動法則とそれをつかむ思惟の弁証法とを区別と連関においてとらえていないことが、この言葉にあらわれているからだな。

二番目の問題としては、「従来の哲学から残るものは」というかたちにおいて、非マルクス主義的な哲学とマルクス主義哲学との対比というかたちにおいては、マルクス主義の哲学の独自性はしめすことができないわけなんだ。たしかに、エンゲルスは「従来の歴史哲学とか自然哲学でやってきたことは自然科学や社会科学に解消される」ということを言いながら、他方同時にエンゲルスは、史的唯物論を定式化し、そして自然弁証法を研究しているわけだ。これは一体なぜなのか。

ところで、武市健人なんていうのはだな、「エンゲルスのいう自然弁証法は自然哲学であり史的唯物論は歴史哲学である」というふうに整理しちゃったら、これは元も子もなくなっちゃう、パーなんだな。これはヘーゲルへの逆もどりだ。そういうふうに解釈しなおしをやるんじゃなく、実証科学という自然科学や社会科学ね、そういう科学は個別的な諸対象の法則性を研究していくわけなんだが、やはり、社会は社会としての独自的な法則を、生物有機体は生物有機体としての独自的法則を、物理的運動形態は（「物理」ということはまた、うまい言葉じゃないけどな）、自然的なもののそれ自体の法則性をもっている。そういう、それぞれの物質の運動形態、自然的、生命的、社会的などの運動諸形態そのものの一般的な法則と、それをつかみとるための方法論、化学は化学らしく、生物学は生物学らしくの実験の方法があるわけだな。そういうものを明らかにするのが自然弁証法であるというふうに僕は考えているわけだな。まあ、これは、生物的、自然的運動形態、エネルギー転換の法則とかな、生物の場合には新陳代謝、と。新陳代謝の社会的形態が、つまり生産物のメタモルフォーゼが労働過程というかたちになっているわけだな。そういうつながりを明らかにするのが自然弁証法ならびに史的唯物論であるわけだ。

だから、そういうマルクス主義における哲学とは「形式論理学と弁証法」だというふうに簡単には言いきれないし、それは間違っている。なぜ、こういうのがでてくるかというと、これは一番最初に話した、マルクスによって確立された労働論、主体と客体との関係の論理、これがエンゲルスにおいてはほとんど追求されていないということと不可分に結びついている、と僕は考える。

エンゲルスにおいては、たとえば『自然弁証法』のなかで、「猿の人間への進化における労働の役割」というような論文で、お猿さんがどのようにして人間と違うかという点の分析がなされているけれども、それじたい哲学的、経済［学］的な労働論というものはエンゲルスにはほとんどない。まあ、これは『フォイエルバッハ論』という、晩年のエンゲルス、一八八八年の晩年のエンゲルスが書いた『フォイエルバッハ論』においてはだな、実践というのは要するに「プッディングの味は食うにかぎる」という、そういうあの有名な、プッディング実践論になっちゃってんだよ。食う実践というのは一つの形態には違えねえけどな、やはり労働というそういう重みとは全然違うわけだ。あとの方の、食う、プッディングを食う実践論というものの展開が、ほかならぬレーニンの『唯物論と経験批判論』における「認識の基準としての実践」論であるわけだな。実践を「認識の基準」あるいは「検証するための実践」というふうに矮小化したならば、マルクスのあの革命的な労働論の本質は失われていくわけだな。

そっからしてだな、レーニンの段階においてはもちろん、「物質は消滅した」というあの当時の唯物論の歪曲にたいする闘いとして決定的な意義を、たしかに『唯物論と経験批判論』という本はもっている。だが同時に、その闘いの成果はだな、欠陥をそのなかにはらまざるをえなかった。それは要するに、認識論、実践論の未展開、これはレーニン自身がはっきりしていた。だから、レーニンができなかった、『唯物論と経験批判論』でできなかったその問題を、レーニンは『哲学ノート』という亡命先で書いた本のなかでやったわけなんだが、しかし、その亡命先でやった研究成果は十分に展開されていない。わずかにいろいろな政治的論文のなかで、折衷主義とは、詭弁論とは、均衡論とはどういうことかということを、具体的な問題、修正主義との闘争だな要するに、それとの闘争の過程で暴露していただけであって、目的としての弁証法の展開というところまではいかないで、遂に脳溢血で彼は倒れてしまったわけだ。

ところで、このレーニンの『哲学ノート』および『唯物論と経験批判論』という哲学的遺産を受け継いだ二人の男がいたわけだ。一人はその名をスターリンといい、もう一人は毛沢東というんだな。スターリンの『弁証法的唯物論と史的唯物論』の内部に展開されているところの哲学的な項目のところ、それから毛沢東の『実践論』・『矛盾論』、これはいずれもレーニンの『哲学ノート』に依拠した二つの解釈として、われわれはとらえて位置づけることができると思う。その場合に、やはり、スターリンよりも毛沢東の方がレーニンの『哲学ノート』のガイストをつかんでいるというふうにいってもいいと思うんだな。そもそも、認識論という内容を

──もちろんその認識論の内容がチャチだけどもさ、しかしそれは勘弁してもらって──、その『実践論』という毛沢東の本の内容は認識論なんだけども、その認識論にたいして『実践論』という名前がついていることそれ自体のうちに、毛沢東の立場が表現されているわけだ。これは非常に重要なことなんだな。毛沢東の『実践論』が発表された一九五一年だったか、二年だったかなあ。発表された『選集』に「一九三七年に延安で講義したことがある」てな付録がついてやっているけども、俺はあの時、こりゃどうもくさいなあと思ったんだよ。ということはどういうことかというと、スターリンが『弁証法的唯物論と史的唯物論』を書いたのは一九三八年、「俺よりが一年前、先にやったんだ」、なーんてな。やはり、ああいうソ連の権力争いの好きな人がだな、そういう時間が早い、遅いっていうのがずいぶん気になるらしいんだよ。それで、おそらく「延安で講義したことがある」と。『矛盾論』もそうなっているけどもな。そりゃあ、ノートはあるだろうと思うけども、かなり磨きをかけたんじゃないかと思う。磨きも大分かかってはいないけどな。

その『矛盾論』・『実践論』だな、これは毛沢東の哲学なんだけども、その場合の欠陥とか何とかというのは全部言うわけにはいかないけれども、とにかくスターリンが教科書的に形骸化して形式的にとらえているのにたいして、毛沢東は、一応中国における革命をどうやるか、その革命をやるために役立つ認識、哲学的な働きはどうなのか、という角度から書かれているわけなんだな。そういう角度の違いが、あのスターリンの『弁証法的唯物論と史的唯物論』という本と毛沢東の哲学、つまり『実践論』・『矛盾論』との違いの一端をなすわけだ。しかし、この『実践論』・『矛盾論』といってもだな、きわめて、やはり哲学というにはまずいんであって、それを批判的に改作して――改作するほどの対象でもないけどさ、まあ、そういうふうに言っておこう――、そういう改作して、元のね、四六年の『フォイエルバッハ・テーゼ』のマルクスの立場からやりなおさなきゃいけないんだよ。

　このやりなおさなければいけないっていう問題意識をもたないでだな、一九五〇年のスターリンの『言語学論文』が発表された前後におけるプラグマチストや記号論理学者の言ったことは、ああでもねえ、こうでもねえ、というような論争があるんだけども、ああいうのをいくらほじくりまわしたって、やはり、最初の立場というかな、構えが悪けりゃいつまでたっても進歩しない。だから、そういう、論理学というような非階級的であるかの如くに見えるそういう学問をやる場合でも、やはり反スターリニズムの立場をな、ガチーンとやっておかないとだ、いくら一所懸命やってても成果があがらないんだよ。これはねえ、もう断言して、何回断言したか分かんないけどね、やはりもう一度断言してもいいと思う。まあ、そのうち早稲田の新聞で

『早稲田大学新聞』に書く予定の〕古田光という呑気なおじさんがいるんだよ、問題意識のあんまりないな。それで恫喝すると、すぐふにゃふにゃときちゃうんだよな、恫喝するわけじゃないけど、批判すると。恫喝が入っているから、なんでも批判が恫喝になっちゃうけど。そういう、何というか、問題意識がないというのは、やっぱり出直さないとまずいような気がするけども。学者が出直しするというとやっぱりまずいから、出直しができないんで惰性で生きているわけだけども、そういう学者のやってる仕事というのをだな、あまりにも惨めだという現実は、諸君自身が今後自分自身の分野でな、哲学であろうが、経済学であろうが、革命そのものであろうがだな、やっていく諸君たち自身によって克服されていかなければ、芽が出ないんだよな、はっきり言って。

だから、そういう哲学の問題にかんしてもだな、いま言ったような、実にしのこされている、まだ踏みこまれていない問題が非常に沢山あるわけだ。で、そういう現在的問題をいかに実践的に打開してゆくかというためにもだ、やはり、われわれは初期マルクスの、とくにさっき言った労働論を軸とした史的唯物論の確立、こういう点からちゃんとつかんでいかなきゃならない。実際、この問題はだな、……〔テープが途切れている〕

Ⅲ　資本制社会の変革の論理

……小商品生産の発展とともに農奴の荘園からの（荘園じゃない、荘園でもいいけども）、封建領主のところからの逃亡による都市工業への集中というかたちで、根源的蓄積過程がおこなわれている。そして、そういう両極分解はたえず現在的にも再生産されている。そういう意味においてはそれは同一性をもってるわけだけども、この同一性というものは、そもそも分裂を含んだ同一性であるわけだ。賃労働と資本という分裂、そういう分裂が資本主義社会の根底につらぬかれている同一性なわけだ。分かるかな。同一性というのは、或るものと或るものとの同一性であって、区別されたものがなければ同一性がないんだよ。同一性というものは区別されたものの同一性だ。資本主義社会における問題としていうならば、賃労働と資本というそういう敵対的関係、これは分裂だな、敵対的関係は資本主義社会であるかぎり、どこまでもつらぬかれている本質的な同一性だ。そういうつかみ方それ自体ができない。

そればかりでなく、あの本では小商品生産というものをノスタルジア的にやっているわけじゃなく、原始共産体における生産様式、つまり集団としての人間、原始共産体を構成している集団としての人間が、その集団の共有としての生産手段をつくって共同社会的に生産をおこなうのが人間社会の本来的なかたちである、と。原始共産体をつくる集団としての人間が、原始共産体そのものの共有たる生産手段を使って物を生産するのが原始共産体であり、こういうものを即自的、自然発生的にではなく、目的意識的に実現していく。社会的な総労働をちゃんと計算し、どういうふうなものをいかなる割合につくっていったらいいのか、これが比例的配分というやつだけども、そういうことを目的意識的にやっていく社会、これが社会主義社会のあり方なんだが、そういうものを実現することが必要だというふうに書いているにもかかわらず、それを無視してしまって、一面的な批判をやっている。代々木の批判はたえずそういう、何というか向こうの都合のいいところとか、理解できねえのかなんだか知らないけども、おそらく、ためにする批判というものの論理構造というのも、ひとつ分析する必要があるんだ。

論争というのはね、中ソ論争でもそうだろうけども、下らないところが極大化されてくるんだな。それで本質的な核心的な問題には直接切りこまないかたちの論争をやるんだな。みんなそれてやる。そういう論争がいかにケチなものになるか、現代における論争だな。マルクス・

エンゲルスの論争というのはもっとそういうのでなく正攻法だけどな。最近の代々木のやり方と、ブクロ［＝中核派］とが大分似てる。そういう、なぜそう似るのかというのもひとつ認識論的な角度から分析することも必要だと思うんだな。それでまあ、論争するのがいやになると「こういう論争にいつまでもかけまわってるわけにはいかない」、なあんてな（笑）下らねえことを言いだす。そういうのは弱音というのかな、自分が立ち向うことができないことをはっきり自己表明したわけなんだろうと思うけども。まあ、そんなのは余談だけども。

資本制商品生産の本質

とにかく、前近代的社会にウクラードとしてあったところの生産関係としての小商品生産だな、これが根源的蓄積過程を媒介として資本制商品生産をうみだしたわけなんだ。この資本制商品生産の本質は何であるか、こういうまったく分かりきったような問題においてスターリニストとわれわれとは完全に分裂している。なぜかというと、スターリニストは「資本主義社会の根本的、本質的な法則は剰余価値法則である」というふうに説明する。「価値法則というのは、剰余価値の生産を説明しないあまりにも抽象的な法則である」（これはスターリンの言葉だけどな）、あまりにも抽象的であって、資本主義社会はもっと具体的だ、それで「資本主義社会の本質的な法則は剰余価値の法則である」というふうに説明する。だがしかし、価値法則というのがなければ――価値法則というのはすべてが、商品の価値が、労働によって決まるということなんだけども――、価値法則がなければ剰余価値法則もないわけなんだ。ところが、そういうふうにスターリンが理解してしまっている。「価値法則は単純商品生産の法則であり、剰余価値の法則が資本制商品生産の法則である」というふうにスターリンが言う場合に、価値法則というもののスターリンのとらえ方が間違っているわけだ。どういうことかというと、価値法則＝等価交換（等しい価値のものが交換される）、等価交換の法則と理解している。価値法則＝等価交換、資本主義社会の法則は剰余価値、これは等価交換でなく、もっとつくりだす、というふうにスターリンは素朴に間違えているわけだな。

この理解のしかたというのは、やはり何というか、分かってしまえば簡単なんだけども、「現代資本主義社会においては価値法則は作用しない、なぜならば国家独占資本主義というふうに変ってきて、国家が価格などの統制をおこなったり独占価格によってうまく操作がおこなわれているから価値法則はない」というふうな説明をおこなう人がいるわけだ。人がいるというよりも、ドッブ、スウィージーをはじめとする近マル系統の経済学者な。それは、みんなそういうふうに、等価交換の法則というふうに価値法則をとらえているから、現代資本主義においては価値法則は貫徹しないというふうに理解しちゃうわけだよ。しかしこれは、反スターリニストのイギリス百人委員会の労働者部のケン・ウェラーなんかの系統の人たちの資本主義観というのも、ドッブ、スウィージーなんかの価値法則観とまったく同じだから、彼らは「現代資本主義においては価値法則は貫徹しない、両体制、帝国主義もそれからソ連圏も官僚制の方向にむかっている」というような把握のしかたをやっちまうわけだな。これは経済学がピンチだからそういうことになるわけだ。

とにかく、そういう価値法則の理解をスターリン的に等価交換というふうにやっちゃってはまずい。等価交換というのは価値法則の一現象形態だ、というふうにはっきりとらえておかなきゃ駄目だな、一現象形態。そして価値法則の資本制生産の実現における具体的な形態が剰余価値の生産としてあらわれるわけなんだ。そういうかたちをはっきりつかみとっているならば、価値法則の根底には労働力の商品化、労働力が商品化されることによって、すべての商品の価値実体が労働によって決められるということ、労働力が商品化することによってすべての価値実体が労働によって決定される、というようなことが分かるはずなんだな。

そして、一足跳びに現代資本主義のことを考えても分かるように、現代資本主義においては賃労働というものは無くなってはいないんであって、賃労働という存在形態を軸にしながら価値法則は貫徹されている。ただ問題なのは、その貫徹のかたち、貫徹の形態、これが違っているだけの話なんだな。そういうような立体的な把握をやらないで、資本主義社会の以前にあった商品生産の法則は価値法則、産業資本主義社会の法則は剰余価値の法則、それから独占資本主義の、帝国主義の段階における法則は、なんだっけな、独占なんとか法則、現代帝国主義の第二段階における法則は最大限利潤法則、こういうふうにやるわけだ。最大限利潤はいつでも資本家のめざすものではあるけども、この最大限利潤の内容を明らかにする、それを価値法則の必然的展開――もちろん、必然的展開といったって、この必然的ということの内容がいま論争にされているわけなんだが――、そういう必然的展開として基礎づけることが問題であるはずなんだな。

そういうことを念頭におきながら、いま喋ったようなことを念頭におきながら、『賃労働と資本』および『賃金・価格および利潤』に展開されているマルクス価値論および賃労働者と資本家との関係の把握を主体化してほしいと思う。商品論の価値と使用価値だとか何とか、それをどういうふうに理解すべきかという問題については、ここでは立ち入ることができないけれども、そういう二つのマルクスの入門書を読んだ後では、やはり『帝国主義論』、レーニンの『帝国主義論』を読んでほしいと思うな。これによって大体、現代帝国主義といわれているものの、まあ一九一〇年、二〇年の前、前半ぐらいまでだけども、その段階の帝国主義の具体的な現象論的特徴づけをはっきりつかむことができると思うから。

その先の現代帝国主義、国家独占資本主義の段階に突入した現代資本主義の構造というのは、これはまだ十分な研究が進められていない。いわゆる構造的改革派、構改派の諸君のやってる理論ならぬ理論、マルクスの片言隻句を引用してきてつなぎ合わせて都合のよい解釈を加えている「理論」があるんだけども、そういうようなものを読んでもあまり価値はねえ。むしろ、何というか、現段階においては具体的な整理の段階に突っかかっているわけなんだが、そういう原理論を装った解釈論というものに拘泥するんじゃなく、やはり、間違っているとはいえ、ヴァルガなんかの研究なんかにふんまえて、われわれの『資本論』、「独占資本論」というものをうちだしていかなきゃいけないのだが、それがおっとやちょっとではいかない。今、足踏み状態、全世界的な規模でどうしていいか分かんねえという段階にあるわけだな。

しかし、この帝国主義論を帝国主義論としてだな――まあ、レーニンのは『帝国主義』と、「インペリアリズム」で「論」とはなっていないらしいけれどな、翻訳ですら――、この帝国主義論を帝国主義論としてうちだすということは、かなり論理学的にもだな、『資本論』の発展として追求していかないとできないと僕は考えるし、そのためには、やはり、『資本論』のあの経済学的な構造を論理的にはっきりつかみとりながら、それを帝国主義論そのものに貫徹させていく作業は、われわれの残されたでえっかい仕事のうちの一つであるわけだ。まあ、そういう問題にどれだけの人がとりくんでいくか知らないけども、とにかく、現段階においては、さしあたり『賃労働と資本』、『賃金・価格および利潤』を読んだら『帝国主義論』を必ず読んでほしいと思う。帝国主義論にかんしては、まあ、いろいろあるけれども、それの右に出るようなものはねえんじゃないか、古典的なものでね。まあ、それとつなげてヒルファーディングとか、ローザ・ルクセンブルグとか、それからブハーリンというようなものが古典に類するわけだな。まあ、これはいい、と。

国家論

こういう資本主義社会、労働力も商品化された資本主義社会を転覆するための理論が、すなわちマルクスの革命論であるわけだ。革命の問題は国家の問題に集約される。ブルジョアジーの支配はブルジョア国家権力を通してすべてがおこなわれている。経済的搾取を正当なものとしているのもすなわち国家であり、国家によって制定される法であるわけだな、法律であるわけだ。したがってだな、プロレタリアートがみずからを解放するためには、自分自身の、『ドイツ・イデオロギー』の言葉でいうと「プロレタリアートは自己の人格を貫徹するためには国家を転覆しなければならない」ということになるわけだな。このプロレタリアートがみずからの人格を貫徹する、あるいは自分自身の階級的特殊的利害を貫徹する、ということの問題が革命論であり国家論であるわけだ。

この国家論を勉強するためには、さしあたり、さっき言ったようにレーニンの『国家と革命』を学べばいいわけなんだが、しかし、われわれ、現代におけるわれわれはそういうレーニンの国家論の段階に足踏みしているわけにはいかない。その欠陥はどこにあるかということを今ここで述べる必要もないと思うけれども、『ドイツ・イデオロギー』なんかを通してだな、国家の本質規定、そして暴力装置とかいうのは一つの国家の機構をなすんだ［ということをつかむ］。国家権力の発動が暴力となるという現象的な事実の指摘にとどまることなく、なぜ国家権力の発動が暴力となるのか、その根拠は一体何なのかということを政治経済学的に深める方向をさししめしたのが、ほかならぬマルクスの『ドイツ・イデオロギー』であったわけだな。ところが、梅本さんですら、この『ドイツ・イデオロギー』というもので展開されている国家論を、ヘーゲル主義の残りっかすというように素朴にとらえてだな、レーニンの実体論的、したがって実体を動かすから機能論になるわけなんだが、レーニンの実体論的あるいは機能論的な、いいかえると本質的な把握の欠如した国家論をあたかもマルクスの国家論であるかのごとくに錯覚する、へんちくりんな呆けをしめさざるをえなくなっている。

　だがしかし、同時に、たとえ『ドイツ・イデオロギー』に展開されているところのあのマルクスの国家の本質へのアプローチを高く評価したとしてもだ、それが構造改革派の理論的基礎づけに同時に利用されているというこの現実を、われわれは見落してはならない。マルクスの『ドイツ・イデオロギー』をわれわれはプロレタリアの革命の理論にまで高めていくわけなんだが、同時に、『現状分析』とかいうところにたむろしているところの構改左派部分、構造改革派の諸君はだな、『ドイツ・イデオロギー』を構造改革のための理論にまですべらせていく。いやそれよりも、てめえの間違った理論の権威づけのためにだな、マルクスを引用し、屁理屈をもってこねているというふうに言った方がいいかも知れない。どういうことかというと、国家とは「二重の機能」をもっているんだ、と。公《おおやけ》の機能と、それから支配階級の政治的な弾圧の機能、これを「公的な機能と政治的な機能」というふうに言うけども、この「政治的な機能と公的な機能との二重性的な性格」をもっている、と。まあ、これは現象的な把握としてはこれはこれでいいと思うんだけど、その把握の内容がおかしいわけだ。「公的な機能」といういわば領域と「暴力的な機能」という領域とを二つ設定し、公的な領域をますます拡げていく、つまり国家の福祉政策だとか、公共の福祉政策とか、道路よくしましょうてなところにあらわれているようなやつだな、ああいうやつとか、失業対策とか、そういう人民の役にも立つような機能の面をますます拡げて、弾圧的な側面をますます狭めていけば、いずれは国家は人民のものとなるだろうというのが、いわゆる構造的改革派の理論であるわけだ。

しかし、公的な機能それ自体が階級的であるということを、彼らは見逃しているわけだな。公的な機能それ自体が階級的であるということを、彼らは見逃している。どういうことかというと、ああいう失業対策とか何とかを、もしやらなかったら暴動が起きちまうわけだな、だからまずいから、手なづけるわけだよ。だから、あくまでもいわゆる公的な（おおやけ）、みんなのためになるというような恰好におこなわれているところのものは、ブルジョア的支配を貫徹し、スムースにやっていくための一つの手段として、あれがなされているわけだ。だから、公的機能はいいもんだ、暴力的な行政的な弾圧的な側面は悪いもんだ、というふうに形式的に考えてはならない。公的な機能それ自体が階級的支配と搾取を貫徹するためのものだという、そういう当り前の把握がね、最近ではぬけおちている。それは、たんにそれだけでなく、民主主義にかんしてもそうだ。「ブルジョア民主主義の旗をわが手にとりもどし」、これは誰の言葉だと思う？　ほかならぬスターリンの言葉だよ。「ブルジョアジーが投げ捨てた民主主義の旗をわが手にとりもどし」、なーんてな。これは、この頃、トリアッチ派がよく言うわけなんだけども、ブルジョア民主主義もだな、プロレタリア民主主義も、おかちめんこにくっちゃうんだな。それで民主主義はいいもんだ、民主主義をでっかくしていけば、そのうちプロレタリアの要求は貫徹されていくだろう、というふうに理解しちゃう。

なんでもかんでも、この頃の理論というのは、そういう形式的に分類し、いい面・悪い面というふうに分けて、いい面をでっかくして悪い面を狭めていく、と。こういういい面・悪い面といったのは、『哲学の貧困』でマルクスが、ほかならぬ「プルードン主義」というふうにしてやっつけて、これは弁証法じゃないとやっつけたわけだ。だが、現代のプルードン主義者たる構改派の諸君はだな、そういうことを平気でやっている。そして、経済学の分野から、政治学の分野から、一切合財、彼らはマルクス主義を構造的に改革していくわけだな。そしておかしくなっているんだけども、そういうふうに構造的に改革していくと自分の頭もおかしくなってくる、しかしおかしくなってくるのは自分では分からない。こういうのが、何というか、人間頭脳構造だというふうにさっきも言ったけどもな、そういう状況に今日の構改派の諸君は入っているわけだ。そして、そういうのに少しばかり肉体的に反撥するのが、いわゆる中共派の連中で、あれは原則主義者だから、むさいと思うとレーニンをパーンとだしてきて、「お前はレーニンを忘れている」と。そうすると、フルシチョフやトリアッチの方は、「おい、お前たちは現代世界が変ってるのを忘れている」と。「核戦争がおこっても中国だけは残る、なあんていうふうに考えちゃいけない、お前は観念的だ」てなわけで、下らないところでね、ごちょごちょ、ごちょごちょ喧嘩している。しかし、そういうものがだな、スターリニズムの腐敗の現在的あらわれとして、ああいうものがあらわれているんだということをつかまなければならない。

革命論

マルクスの革命論というのもやはり、レーニンの『国家と革命』に依拠するだけでなく、『ドイツ・イデオロギー』で展開されているところの世界革命の論理、それからそれ以後のいろいろな論文に出てくるところのそういうマルクスの世界革命論、それをつかむと同時に、それを発展させたものとしてうちだされたトロツキーの permanent《パーマネント》 revolution《レボルーション》 永久革命論、あるいは永続革命論というやつをはっきりつかんでほしいと思うんだな。それで、このトロツキーの永続革命論とレーニンの労農民主独裁論とは一体どうなのか、というような問題は未だに残された問題だけれども、しかし、そういう三つのもの、マルクスの世界革命論、それをトロツキーがどのように受け継ぎ、あるいは受け継がなかったか、そしてレーニンの『二つの戦術』［『民主主義革命における社会民主党の二つの戦術』］論はマルクスのどういう面をどういうふうにデカうつしにしてああいうことになったか。『共産党宣言』の第何章か忘れたけども、そのおしりに載っかっている、第四章ぐらいのおしりに載っかっているヨーロッパ革命にかんするあの把握だな、あの把握を固定化し、それを極大化した場合に、レーニンの『二つの戦術』論のような誤謬がでてくる、論理的誤謬がでてくるわけなんだが、そういうものを追求することはなお残された課題であるわけだ。

そして、革命ということは、直接的には国家の粉砕としてあらわれるんだけども、「暴力革命か、平和革命か」というような問題のたて方はまったくナンセンスだ。こういう問題のたて方がなされるということは、裏から言うならば、革命をやる組織［の問題が欠落しているということだ］。われわれがどのようにして革命闘争にまでもっていくか、革命の目標のことを戦略と言い、そしてそういう戦略を実現するための現在的な具体的な闘争の方針を戦術と言うんだが、そういう戦略・戦術――これは軍事的な、軍事科学の用語をマルクス主義が借用して、レーニンが借用して、そういうふうなものをつくりあげたんだが――、そういう戦略・戦術というものだけでなく、それに一本、組織づくりの問題をぶっこんだところに、一九五七、八年のわれわれの理論的成果の唯一のものがあったといっていいだろうと思う。つまり、戦略戦術の問題と組織戦術という問題とを統一的に展開することによって、革命運動主体の問題を提起したということだな。たんにわれわれは目標を掲げるだけでなく、その目標を実現するための主体的な基盤、主体的な根拠、それを現在的につくりだしていく、現在の大衆闘争のなかにつくりだしていくこの闘いを「組織戦術」という言葉を使うわけだ。この頃、「組織戦術」という言葉も大分使われはじめているけれどもな。これは、われわれがレーニンの『何をなすべきか？』とかトロツキストがつくった「加入戦術」とかいうような概念を一つの触媒、踏み台としながら、マルクス主義革命論の一つのカテゴリーにまで高めたわけだ。

ところが、この組織戦術というのをだな、大衆闘争、労働運動の闘争のやり方に習熟する技術、組織技術というようにしかつかんでいないのが、いわゆるブクロ官僚の奴らなんだな。同じ言葉を使ってても内容がまったく違う。このことがますますこの頃はっきりしてるわけなんだけども、労働運動をやる組織技術なんかを、労働運動をうまくやってけば革命ができるんだとするならばだな、こりゃあ、もうとっくの昔に革命できたはずだよ。最も有能な労働運動の活動家を備えている社会党が革命をやれたはずなんだけど、それができないところから、われわれの闘いは出発しているはずなんだな。ところが、そういうことを根本的にやらねえでだな、戦略戦術、組織戦術の関係は分かりきったことなんだけども。このことが、ほかならぬレーニン、トロツキーの革命論をわれわれが読むときに注意して読まなければならないところなんだな。

たとえば『何をなすべきか？』では、そういう職革家集団を、職業革命家の集団をつくりだすということが書かれているけども、『二つの戦術』との関係については書かれていない。あるいは、トロツキーの *Permanent Revolution*〔『永続革命論』現代思潮社、一九六一年〕を読む。そうすると、あそこではレーニンの革命論をいかにスターリニストが歪めたかということを、ものすごい引用と論争をもって応えているんだが、しかし、ほかならぬ自分の永続革命論をいかに物質化するかという組織論的な角度からのアプローチがなされていないわけなんだな。あるいは『共産主義における「左翼」小児病』を読むというふうにして、あれをそのまま現代にもちこむならば、あれは純粋レーニン主義になっちまうわけだ。『左翼小児病』を書いた時のレーニンと、スターリニストおよび社会民主主義者ともたたかわなければならないわれわれとは、時代的差異があるわけだし、それだけでなく、組織観（組織の見方）においてもだな、レーニンのような政治技術主義的なにおいを漂わせているところから訣別した次元におけるわれわれの組織づくりはなされなければならないわけだ。

そういう、われわれが過去五、六年間にわたった闘いをつうじて獲得してきた、そういう理論的な遺産――遺産というにはあまりにも乏しいけれども、貧弱だけども、しかし、なおかつ今われわれがブクロ官僚の惨めな姿を通して、やはり遺産の一つと言わなきゃならないと思うが――、そういう五七、八年にうみだされたトロツキー、レーニンの革命論の批判的発展、せんじつめれば戦略戦術論と組織戦術論との統一的展開。このこと、これはやはり、われわれの一つの闘いの成果としてみなければならないし、そのことをふまえていないと、いわゆる労働運動主義とかな、労働組合の活動に習熟し、そりゃ習熟しなきゃ困るけどもな、習熟することが自己目的化したらば大衆運動はできたけども革命的な前衛党組織ができないというような恰好になる。そういう誤謬から訣別するためには、やはり、レーニン、トロツキーの理論を批判したわれわれの過去を反省し、そこから成果をくみとっていかなければならないわけなんだ。

社会主義社会論

そして、このことは同時に、社会主義社会をわれわれ自身が創りだしていく場合における問題、つまり今日のソ連邦のような、ああいう新たな、マルクスさえもが知らなかった、だがレーニンは予感していた、そういう官僚主義的な方向への疎外、これをわれわれの内部からうみださないためにもだな、そういう革命論と組織論との統一的把握にふまえたうえでの社会主義社会論が建設されなければならないわけだ。社会主義社会論にかんして念頭においておくべき事柄というのは、ソ連は社会主義かどうかというような観念的な討論を代々木・民青なんかとやらざるをえないというんじゃまずいんであって、彼らの言う「社会主義」というものの本質がいかにデタラメか、彼らの言うところの「社会主義」というのは実は社会主義ではないんだ、と。社会主義とは何かということは、マルクスが『ゴータ綱領批判』というところで展開したんだけれども、そしてこれはマルクスの価値論を理解してないと理解するのが非常に難しいんだが、この『ゴータ綱領批判』に依拠しているかのごとくに装いながらも、しかし全然違うんだな。だから、ソ連の問題にかんしてはだな、スターリニストが理解しているところの社会主義と、われわれの理解している社会主義との関係をはっきりつかまなければならない。

スターリニストは、簡単にいうならばだな、一番はっきりしている点をあげるならば、彼らは「生産手段の国有化がすなわち社会主義のメルクマールである」というふうに言う。しかし、国有化されたとしても、価値法則が廃棄されなければなんら社会主義とはならないんだよ。だから、生産手段の国有化は社会主義への物質的前提であって、生産手段の国有化がすなわち社会主義というわけではない。所有関係の資本制的私的所有からプロレタリア国家の所有への転化というのは所有関係の一つの転化であるけれども、それ自体が社会主義をさすわけではないということだな。それから、スターリニストは「社会主義国家」……［テープが途切れている］……スターリニストは国家の手中に生産手段が集中されれば、それで社会主義だというけれども、これはそうではない。それは社会主義への前提条件にすぎない、ということを第一番目に言った。

　第二番目には、「社会主義国家」という言葉をスターリニストは使う。しかし、国家を、ブルジョア国家を絶滅するためにプロレタリア革命がおこなわれたわけなんだな。そして、プロレタリア革命がおこなわれるということは社会主義を実現するわけだ。だから、社会主義を実現したということは国家が死滅する、というのが原則であるわけだ。ところが、結びつかないものを結びつけている。つまり、「社会主義国家」というものを捏造したのがスターリニストであるわけだな。彼らはどういうふうにして、この「社会主義国家」というのが反マルクス的ではないという屁理屈をやるかというと、「社会主義の国」、これは彼らが「社会主義の国」と言った場合には、革命が終った国のことを言うらしいんだな、その内容がどうであろうと。とにかく、自分が革命だと主観的に判断したというような、まあ客観的にもロシア革命の場合はそうだったけども、革命が終った後の国はすべて社会主義。ところがソ連の場合、ヨーロッパ革命によってそれが補強されることなく孤立化された。「包囲された社会主義においては国家が残存し、いや残存するだけでなくますます強化されるのは当然のことである」、これが、スターリンその人による「社会主義国家」という概念の基礎づけであるわけだ。

「社会主義国家」という言葉をわれわれは決して使わない。プロレタリア独裁の国家を労働者国家あるいはプロレタリア国家と呼ぶ。そしてプロレタリア独裁という権力機構が無くなった社会を社会主義社会というわけだな。だけども、この社会主義社会には、生産を統制し管理し分配する、そういう経済機関というものはもちろん残るわけだけども、それは国家とはまた別の存在となるであろうとはマルクスの予言であり、それを何と名づけるかは不明だ。ところが、この「社会主義国家」という言葉をほとんどすべての反代々木的な部分も平気で使用しているわけだな、使ってるわけだ。こういう理論的なデタラメな点をはっきりつかむためには、『ゴータ綱領批判』および『裏切られた革命』におけるトロツキーの展開の批判的摂取が是非とも必要となる。しかし、トロツキーの『裏切られた革命』を読んでもその成果を直接スターリンの批判にむけることができない点が、トロツキーのあの『裏切られた革命』という本の一つの限界をなすわけだけども、それはともかくとして、「社会主義国家」というのがナンセンスだ、ということをはっきりつかむ。

第三番目の問題としては、「社会主義社会においては「労働の量と質による分配」は当然のことである」「とされ」、そして、今日のソ連の社会には「労働の量・質による分配」と、さまざまな賃率制が支配し、いわゆる、みんながよく知っている言葉でいうと「ノルマ制」というやつが支配しているわけだな。このノルマ制は、トロツキーに言わせれば、「出来高払い賃金制に似た形態」と。出来高払い賃金制というのは、資本制的搾取のなかの最も典型的なやつなんだが、つまり、サボってりゃ、出来高っていうのは結果だな、サボってりゃ結果が少ない、と。普通の人が一〇つくるところをもってきて、サボリ屋は四つしかつくらない。がめつい奴は一五ぐらいつくる。こういうふうに結果で測定できるでしょ、それを出来高払い賃金制というわけだ。そういう出来高払い賃金制に似た形態が支配している。もちろん、革命直後の段階においては、技術者と技術をもってない下部の技能者との賃金――過渡期だから賃金と呼ぶんだけども、これは賃金でない賃金なんだけれども、本当の社会においてはな、過渡期社会においては――、賃金ではない賃金をもらうわけなんだけど、その場合、格差というか、三段階ぐらいの分離はかまわないというのがレーニンの、かまわないじゃない、やむをえないというのがレーニンの立場であったけれども、それを二十何段階かに分けてしまって固定化したのが、スターリンとフルシチョフのソ連であったわけだ。

まあ、最近の有名な話だけれども、スターリン批判以後だな、ソ連の中央委員会に何とかスカヤというおばちゃんがいるんだよな、そしておばちゃんが或る工場に行ったら「お前の月給はいくらだ」とボカチンとやられたんだ。そしたら、その中央委員がカッカとなったとかいう話があるけれどもね。とにかく、ああいう中央委員級の人の賃金と下部労働者とはものすごく離れている。そういう賃金格差といったら悪いけれども、配分というやつだな、ソ連における給料の大きな開きというものの根底にある原理というのが「労働の量・質による配分」、と。量というのは時間によって測るんだけども、時間によって測ると、八時間働いた人は八時間［分］もらうわけなんだけども、サボってても一所懸命働いても八時間というんじゃまずいっていうんで、どれだけ一所懸命働いたか、あるいは一所懸命働いたかというのを経済学的にいうと労働強度の問題なんだが、それからどういう技術・技能をもっているか、この労働力の技術性に照応したかたちでの支払いというものが導入されないとうまくいかない、と。そこで労働の量、時間による配分のほかに、質の問題を導入したわけなんだ。ところが、それが固定化されることによって、今日のソ連はおかしくなっている。もちろん、すべての人間が共産主義的意識を獲得しなきゃ、俺サボろう、というのがでてくるに決まっているわけなんだけども、そういう共産主義的意識をもっていない、というよりも、そういう意識をつくりだすための過渡期においては、或る程度は「量・質分配」というのが導入されなければならないわけなんだけれども、原則としては、やはり時間による配分をおこなっていかなきゃならない、というのがマルクスの『ゴータ綱領批判』で展開されていることなんだ。これは『資本論』で解明された価値論にのっかって展開されている。

こういう社会主義〔論〕の歪曲、生産手段にかんして、あるいは国家形態にかんして、そして社会の経済法則および分配法則にかんするスターリニストのマルクスの歪曲。こういうものが、この三つが大きなメルクマール、指標になるわけなんだが、こういう点にふんまえながらだな、スターリニストの社会主義論、およびトロツキーの社会主義論というようなものを批判的に読んでいくといいと思う。これをやるためには、やはり「賃労働と資本」をはっきりつかむこと。それから、社会主義社会を実現するための経済的および組織的な基礎、ソヴェトとか工場委員会とかそういうものを、どういうふうに前衛党はつくっていくかという問題と不可分に結びついて展開し追求しなきゃならない。革命論が組織論とともに展開されなきゃならないように、将来社会、社会主義社会、実現されるべき社会主義社会の論理は、その計画経済をいかにやっていくかという組織との関係において追求していかなきゃいけないわけだな。だから、革命論と組織論との関係というものは、社会主義論をいかに深めていくかという問題ともつながってるし、今日の労働組合を破壊し本当の労働組合をつくるという問題とソヴェトとはどうつながるのか、というやつとも重なってくるし、未解決の問題がさまざまある。

こういう、現在的にわれわれが解決しなければならない問題へアプローチしていくための前提としてだな、マルクス主義とは一体何なのかということをだな、根本的に反省しなおす必要がある。いや、反省しなおすじゃない、これからそういうものを勉強していこうというためにだな、大体の輪郭というか、ははーん、こういうものかなあ、というところをだな、分かってもらえればそれでいいと思う。ほとんど分からない人もいたかも知れないし、断片的に分かった人もいると思うが、しかし、とにかくどこでもいいから、自分がやろうというふうに突っかかった問題をじっくり考えてだな、マルクスを勉強するということは、ほかならぬこの現実に生きていく自分自身の思想をつくりだしていく闘いなんだ、という気持でやってほしいと思うし、それをやることは同時に自分自身の理論と実践とを統一する闘いでもあるわけだな。

これは現在のような思想状況のもとにおいては非常に難しいし、或る意味ではマルクス主義なんかをやってんのは馬鹿扱いされるわけだな。だけども、誰が馬鹿かということは、やはり自分自身の確信によってそれは決まるわけだけれども、そういう「マルクス主義はもう古くなった」という声があっちからもこっちからも聞こえてくるわけだな。しかし、そんな古い、すぐ古くなるようなマルクス主義なんてものはないわけだな。大体、資本主義社会も転覆できないで、資本主義社会が二十世紀後半にまでもつながっているというのは、一体何なのか。マルクス主義が変るべきなのか、資本主義社会が変るべきなのか、変るったって、資本主義社会が変るというふうに言ったっても、それは資本主義的な枠内における形態変化ではなく、資本主義社会そのものの根絶とは一体何なのか。果たして俺たちのように賃労働者として将来使われていく、あるいはホワイトカラーとなっていくんだが、しかし、それで一体どうなのか。そういうふうに現在の自分と、そして学校を出た後の自分との関係においてだな、自分自身の思想というものをはっきりうち固めていく作業を、一歩一歩開始していってほしいと思う。

大体、やりだせばいろいろあるけれども、一応きょうは、ふわーっと撫でたぐらいなんだけどね、撫で方もあまり上手でなかったが。そういうさまざまな問題をいっぺんにやるということがどだい無理なんだが、あと少しのあいだ、いろいろ疑問、質問、討論をちっとやっていきたいと思う。

（一九六三年四月二十八日）

マルクス主義入門　全五巻

第一巻　哲学入門
哲学入門
マルクス主義をいかに学ぶべきか

第二巻　史的唯物論入門
史的唯物論入門
『ドイツ・イデオロギー』入門
現代における疎外とは何か

第三巻　経済学入門
経済学入門（『直接的生産過程の諸結果』）
経済学入門
——『資本論以後百年』をどう読むか
エンゲルス経済学の問題点

第四巻　革命論入門
革命論入門
一九〇五年革命段階における
レーニンとトロツキー
全学連新入生歓迎集会メッセージ

第五巻　反労働者的イデオロギー批判
反労働者的イデオロギー批判
小ブルジョア・ラディカリズム批判
現段階における党派的イデオロギー闘争
の核心は何か
沖縄の仲間たちへ

黒田寛一（くろだ かんいち）
1927年10月20日　埼玉県秩父町に生まれる。東京高等学校理科乙類中退。『ヘーゲルとマルクス』（1952年、理論社）を処女出版。1956年のハンガリー労働者蜂起・ソ連軍の弾圧事件と対決し、反スターリン主義運動を創造、1996年まで日本革命的共産主義者同盟全国委員会議長。2006年６月26日逝去。
『実践と場所』全三巻、増補新版『社会の弁証法』、『日本の反スターリン主義運動』全二巻、『変革の哲学』、『マルクス主義の形成の論理』（以上、こぶし書房）、『マルクス ルネッサンス』、『疎外論と唯物史観』（以上、あかね図書販売）など著書多数。

マルクス主義入門　第一巻
哲学入門

2018年５月21日　初版第１刷発行
2020年２月21日　初版第２刷発行

講述者　黒田寛一
編　者　黒田寛一著作編集委員会
発行所　有限会社　ＫＫ書房

〒162-0041
東京都新宿区早稲田鶴巻町525-5-101
振替　00180-7-146431
電話　03-5292-1210
FAX　03-5292-1218
URL　http://www.kk-shobo.co.jp/

定価はカバーに表示してあります。

ISBN978-4-89989-106-2